KB036743

10대 청소년이 쓴
10대를 위한 경제동화

이코노게임
Econo-Game

10대 청소년이 쓴
10대를 위한 경제동화

이코노게임
Econo-Game

주효선 지음

청해

머리말

　오늘날 우리 사회에서 경제는 무척 중요한 이슈다. 신문이나 텔레비전 뉴스에서 경제에 대해 자세히 다룰 뿐만 아니라 일반 대중도 경제에 많은 관심을 갖고 있다. 이러한 사회 흐름에 따라 어린 학생들도 경제에 호기심을 갖기 시작했다. 어떻게 하면 돈을 많이 벌 수 있을까에 대해 고민하는 것부터 적극적으로 모의 주식에 참여하는 것까지.

　하지만 경제란 무척 어려운 학문이다. 정식으로 경제에 대해 배우는 것은 초등학교 때부터지만, 어린 학생들에게 경제는 쉽사리 와 닿지도 않고 딱딱하고 재미없는 과목에 불과하다. 그 어떤 과목보다도 우리 실생활과 밀접한 관련이 있는데도 아이들의 반응은 냉랭하기만 하다. 중학생이 되면 그 정도가 더 심해진다. 알 수 없는 그래프와 숫자들이 난무하며, 한자어 표현이 무척 생소하고 어려운 '경제'라는 과목은 따분하고 점수 따기 힘든 영역으로 인식될 뿐이다.

어린 시절 친구들과 시장 놀이를 하고, 생활 곳곳에 숨어 있는 경제 상식에 관심을 가졌으며, 중학교 때 제대로 경제에 대해 알아가기 시작하면서 그 재미에 푹 빠진 나로서는 친구 또는 후배나 동생들의 경제를 향한 냉랭한 반응이 안타깝기 그지없었다. 하지만 경제라는 학문은 확실히 까다로운지라 쉽게 설명할 방법을 찾을 수 없었고, 나의 안타까움은 해결되지 못했다.

그렇게 후일을 기약하며 좀더 적극적으로 경제에 대해 공부하기 시작했고, 공부를 하면 할수록 경제란 과목이 내 예상보다 더욱 재미있는 학문이란 사실을 깨달을 수 있었다. 깊이 파고들수록 우리의 삶과 무한히 연결되어 있어 생활 속 예를 찾기도 쉬웠다. 뿐만 아니라 이 사회에 펼쳐지는 다양한 경제적 이슈들을 이해하고, 그것을 예측할 능력까지 키울 수 있다는 사실은 내게 낯선 즐거움이었다.

특히 친구들과 함께한 경제학 스터디는 경제에 대한 나의 관심을 더한층 끌어올렸다. 처음 스터디의 목표는 AP 시험이었지만, 우리의 눈길은 차츰 경제 전반으로 향했다. 그리고 어느 날부터인가 스터디는 경제 신문을 읽고 함께 토론하며 탐구하는 식으로 바뀌어갔다. 그때 나는 경제란 과목의 매력에 푹 빠졌다.

이후 6개월 정도 전북 종합사회복지관에서 초등학교 고학년 학생들에게 영어와 수학을 가르치는 봉사 활동을 하면서 틈틈이 사회 과목에 대한 질문에도 답해주곤 했는데, 그때 아이들이 사회 과목 중에서도 특히 경제 부분을 어려워하는 것을 목격했다. 그 아이들에게 보다 쉽게 설명하기 위해 여러 가지 방법을 연구하면서, 그들처럼 경제를 어려워하는 후배들에게 재미있고 쉽게 설명해줄 수 있다면 얼마나 좋을까 하는 생각을 하게 되었다. 덧붙여서 내가 깨달은 경제의 매력을 후배들에게도 느끼게 해주고 싶다는 욕심이 생겼다.

《이코노게임》은 그렇게 시작된 책이다. 어린 시절부터 글쓰기를 좋아하던 나는 언젠가 내 이름으로 꼭 책을 내보고 싶다고 생각했는데, 그 바람이 경제에 대한 나의 관심과 만나면서 이렇게 빛을 보게 되었다.

이 책의 내용은 스터디를 통해 쌓아온 경제학 지식을 토대로 했으며, 부족한 부분은 선생님과 전문가에게 물어 채워 넣었다. 조금이라도 더 많이 들려주고 보여주고 싶었지만, 그렇다고 딱딱하게 설명하고 싶지는 않아 어린 학생들이라도 충분히 이해할 만한 한 편의 동화로 만들어냈다. 오랫동안 생각하고 준비해온 아이디어와 예를 통해 보다 쉽게 경제에 접근할 수 있도록 써내려갔다. 나중에 내가 더 나이를 먹고 다시 보아도, 그리고 먼 훗날 나의 자녀에게 보여주어도 부끄럽지 않은 책을 만들어보기 위해 많이 연구하고 고민했다. 그 결과물이 바로 《이코노게임》이다.

경제란 간단히 한 권의 책에 담아내기 어려운 학문이다. 하물며 나처럼 아직 어린 학생이 쉽게 논할 수 있는 학문은 절대 아니다. 하지만 나의 후배나 동생들이 공부하는 데 조금이나마 도움을 주고자 지금껏 내가 쌓아온 짧지만 다양한 지식들을 쉽게 풀어보았다.

유명한 학자들이 쓴 경제학 책만큼 다양하고 자세한 내용을 담아내지는 못했지만, 《이코노게임》이 적어도 경제, 그중에서도 특히 미시경제에 관한 아이들의 흥미를 키워주고, 나아가 미시경제를 전반적으로 이해하는 데 큰 도움을 줄 것이라고 나는 감히 확신한다. 특히 여기 등장하는 주인공들은 중학교 3학년 학생인데, 중학 시절부터 경제 지식에 관심을 갖고 제대로 이해하려는 노력을 하는 것이 필요하다고 생각해 이렇게 설정했다. 대학수학능력시험에 필요한 논리적 사고력도 경제 공부를 통해 기를 수 있으며, 무슨 일을 하든 경제에 대해 잘 알고 효과적인 경제 활동을 하는 사람이 성공할 수 있는 것이 현실이기 때문이다. 이 책이 분명 중학생 독자들에게 많은 도움이 될 것이라고 믿는다.

책을 쓰는 동안 끊임없이 격려해주신, 그리고 원고를 읽어보면서 조언을 아끼지 않으신 부모님께 진심으로 감사한다. 또한 항상 나를 응원하고 지켜봐준 나의 소중한 친구들에게도 고마움을 전하고 싶다. 항상 독려하고 응원해주시는, 그리고 많은 가르침을 주신 민족사관고등학교 백춘현 선생님께도 이 지면을 빌려 감사하다고 말씀드리고 싶다. 나의 경제 공부에 가장 많은 도움을 주신 메가스터디 이창훈 선생님께도 감사드린다.

뿐만 아니라 이 책의 기획부터 원고 작업의 전반적인 부분에 이르기까지 많은 도움을 주신 서정 Contents Agency의 김준호 대표님과 이명규 이사님께 진심으로 감사하다는 말씀을 전하고 싶다. 그리고 《이코노게임》을 손색없는 경제교육 책으로 만들기 위해 경제학적 조언을 아끼지 않고 원고를 감수해주신 이성호 선생님께도 고마움을 전한다. 부족한 글을 좋은 책으로 만들어주신 창해출판사 관계자 분들께도 진심으로 감사한다.

마지막으로 지금 이 책을 읽고 있을 독자 분들께도 고개 숙여 고마움을 표한다. 부족하나마 좋은 책을 만들기 위해 애쓴 만큼 많은 도움이 되길 진심으로 바란다. 앞으로도 경제에 대해 더욱 많은 공부를 하게 되면, 《이코노게임》의 다음 이야기를 풀어가 보고 싶다.

또다시 독자 분들을 만날 수 있기를 바라며
2009년 1월, 주효선

차례

시작

❀

이코노게임 초대장

　사람에게는 가끔 무언가 특별한 일이 일어나곤 한다. 언제 어떻게 다가올지 전혀 예상할 수 없는 아주 특별한 일이. 그저 평범하기만 하던 두 학생, 유리와 지호에게도 그런 특별함이 다가왔다. 마치 지루한 일상을 동정한 신이 준 선물처럼.

　"이유리! 너 오늘 왜 이렇게 멍해?"
　"아, 아냐. 나가자. 오늘 내가 떡볶이 쏠게."
　"진짜?! 오, 이유리. 웬일? 딴말하기 없기다?"
　"응. 빨리 나가자."
　한국중학교 3학년 이유리, 그녀는 무척 평범한 학생이다. 대부분의 또래 여학생들과 다를 바 없이 그저 친구들과 어울리기 좋아하고, 공부하고는 그다지 친하지 않은, 그렇다고 완전히 벽 쌓지는 않은, 그런 지극히 평범한 학생. 좋아하는 연예인도 있고, 하나뿐인 오빠랑 툭하면 티격태격 싸우기도 하고……. 또 유리에겐 좋아하는 남학생도 있었다. 그러니까 유리는 한마디로 15세의 전형적인 사춘기 소녀였다.

"너 수행평가 때문에 그러지? 어?"

"몰라, 묻지 마."

"뻔하지, 뭐. 야, 이유리. 그나저나 정지호랑은 어떠냐?"

"됐거든요."

친구의 말에 유리의 표정이 확 굳었다. 정지호, 유리가 1학년 때부터 좋아해온 같은 학교 남학생이었다. 지호는 되게 좋은 집안의 도련님이니, 비보이니 하는 여러 가지 소문을 달고 다니기도 했다. 1학년 때 같은 반이었지만 2학년 때는 다른 반이 되었다. 그러다가 운 좋게도 3학년 때 다시 한 반이 됐건만……. 딱히 얻은 결과는 하나도 없었다. 지호는 유리에게 눈길조차 주지 않았기 때문이다.

"어라? 안에 정지호 있는데?"

"진짜?! 아싸! 그 옆 테이블에 앉자!"

"뭐? 하여간, 이유리 중증이에요. 네네, 그리합죠. 들어가자."

하지만 발랄한 여중생 유리는 전혀 굴하지 않았다. 분식집에 들어서서 당당하게 지호 혼자 앉아 있는 자리 바로 옆 테이블에 앉을 정도였으니까.

"그래서 그 표 안 팔 거야?"

"야, 당연하지! 내가 얼마나 힘들게 구했는데, 그걸 만 원에 넘겨. 그거 무려 6만 원짜리 표야. 너도 알잖아."

"그래도 넘기는 게 낫지 않을까? 어차피 가지도 못하는 거. 내일 지나면 그저 종이 쪼가리 되는 거잖아, 그 표."

"그래도 5만 원이나 손해 보고 넘길 순 없어!"

"그런가?"

떡볶이를 앞에 두고 유리와 친구들이 나누는 대화의 내용은 유리가 정말로 좋아하는 아이돌 스타의 콘서트 표, 그 콘서트는 바로 내일이었다. 틈틈이 모아둔 돈으로 어렵사리 표를 구했는데……. 아뿔싸, 부모님께서 절대 안 된다고 하시는 것이었다.

결국 유리는 눈물을 머금고 인터넷으로 표를 되팔기로 마음먹었는데, 공연일이 코앞에 닥치자 한때 인터넷 암거래에서 10만원을 훌쩍 넘어가던 티켓 거래 가격이 뚝 떨어져버린 것이다. 어차피 못 가는 거 돈이라도 벌자 하는 마음으로 가격이 더 오르기를 기대하고 있던 유리에게는 날벼락과도 같은 일이었다. 그래서 결국 유리는 표를 팔지 않기로 결정을 내렸던 것이다. 콘서트에 못 가는 것도 속상한데 5만 원이나 손해 보다니, 유리로서는 결코 받아들일 수 없는 일이었다.

그 순간 유리는 몰랐지만 지호의 눈길은 단호하게 '없어!'라고 말하는 유리에게 향해 있었다. 평소 성격대로 차갑게 식은 눈동자기는 했지만. 그때……

"넌 매몰 비용이라는 걸 들어보지 못했구나."

"… 네?"

그 순간이었다. 생전 처음 보는 남자가 불쑥 던진 한마디에 유리와 친구들, 그리고 옆 테이블에 앉아 있던 지호는 깜짝 놀랐다.

그 남자는 너무나도 태연하게 유리네 테이블에 앉아 있었는데, 아무도 그가 언제 어떻게 다가왔는지 알지 못했다. 유리와 친구들은 그를 바라보며 알 수 없는 두려움에 떨고 있었다. 검은 양복에 블랙 와이셔츠, 그리고 까만 캡 모자라니……. 마치 저승사자라도 만난 느낌이었다. 그런데 이런 남자의 갑작스런 등장에도 주위 사람들은, 정확히 말하면 지호를 제외한 주위 사람들은 전혀 신경 쓰지 않는 듯했다.

유리는 자신이 꿈이라도 꾸고 있나 하는 생각에 볼을 꽉 꼬집어보았지만, 아프기만 되게 아플 뿐 달라지는 건 아무것도 없었다. 일단 꿈은 아니구나 하는 생각에 고개를 갸우뚱하는 찰나, 옆 테이블에서 자신을 바라보고 있는 지호와 눈이 마주쳤다. 유리가

눈빛으로 물었다. '너도 보이냐?'라고. 지호가 피식 웃더니 고개
를 끄덕였다. 그 미소에 유리는 약간 안심이 되는 마음을 느꼈다.
하지만 아주 약간일 뿐, 여전히 두려움이 더 컸다.

"누구세요?"

"아, 나… 나는 '아무것도 아니다'지."

"네? 그게 무슨……."

"너희들 말고는 나를 볼 수 있는 사람이 없거든."

'그럼 진짜 귀, 귀신이라는 거잖아, 마, 말도 안 돼!'라는 속마음
을 표현하듯 입을 딱 벌린 유리를 보고도 그 남자는 껄껄 웃기만

했다. 유리의 친구 중 하나가 용기를 내서 물었다.

"귀신이세요?"

"아니야. 으, 귀신이라니. 말을 해도 꼭. 좀 폼 나는 거 시켜줄 생각 없어? 그리고 나는 방금도 말했지만 '아무것도 아니다'야."

"아니, 그게 무슨……."

"너희들, 경제에 관심 있어?"

"아니, 저 아저씨. 지금 그게 무슨 말씀이세요, 대체?"

"경제에 조금이라도 관심이 있으면 네가 어떤 결정을 해야 현명한 건지 알 텐데? 그리고 난 아저씨가 아니라 오빠야!"

무슨 귀신이 자기 할 말만 저렇게 늘어놓는 거야 싶어 머리가 어찔한 유리였다. '경제라니… 신문에서 떠들어대는 경제? 아니면 중3 교과서에 왜 이런 게 나올까 교육부가 원망스러운 그 사회 과목, 경제? 도대체 뭔데요, 아저씨. 나 참, 그리고 솔직히 당신이 아저씨지, 왜 오빠야!'

유리의 시선이 다시 한 번 지호를 향했다. 지호는 여전히 의미를 알 수 없는 미소를 지으며 유리와 그 남자를 바라보고 있었다.

"그 콘서트 표, 만 원이 아니라 1,000원에라도 파는 게 좋아."

"네?! 아니, 그게 얼마나 손핸데요!"

"매몰 비용에 대해 전혀 모르는군. 어차피 네가 콘서트 표에 들인 비용은 돌아오지 않아. 그 표를 그냥 갖고 있든 팔든 네가 6만

원을 썼다는 사실은 변하지 않는다는 거지."

"그래서요?"

"그러니 단돈 100원이라도 받는 게 너한테는 이득이잖아?"

유리는 순간적으로 할 말을 잃었다. 손해라고만 생각했는데 듣고 보니 그 말이 그럴싸했기 때문이다. 아니, 그 말이 정말 맞는 말이었다. 이 아저씨 정말 뭐지 싶어 유리가 다시 고개를 그에게 돌리는 순간…….

"없다."

"사라졌어."

"…야, 나 지금 소름 돋아. 분명히 너도 봤지? 어?"

"응. 뭐, 뭐지, 방금 그 아저씨?"

친구들은 호들갑을 떨고, 유리는 고개를 설레설레 저을 뿐 한마디도 하지 못했다. 온몸에 소름이 쫙 돋는 게 공포 영화보다 몇 배는 더 무서웠다. 하지만 명백한 것은 그 남자가 사라져버렸다는 사실이다. 스스로도 소개했듯 그는 '아무것도 아니다'였던 것이다. 남아 있는 것은 유리와 친구들의 심장에서 들려오는 요동치는 박동 소리, 그뿐이었다. 그 순간 다시 유리와 지호의 두 눈이 마주쳤다.

그날 밤, 평생을 살아도 단 한 번 하기 어려운 아주 특별한 경

험을 오늘 해버린 유리와 지호는 각
자 똑같은 이메일을 한 통씩 받았
다. 제목은 스팸편지함으로 분
류되기 딱 알맞았지만, 어찌된
일인지 그 메일은 보통의 받은
편지함에 있었다. 그리고 무엇보

다 놀랍게도 그 메일 제목을 본 순간부터 컴퓨터가 아무런 작동
을 하지 않았다. 단지 그 메일을 클릭하는 것만 가능했다. 그래서
그들은 그 메일을 열어볼 수밖에 없었다.

그 메일은 이렇게 시작되고 있었다. '당신을 이코노게임(Econo-
Game)으로 초대합니다' 라고.

Tip

삶과 경제

세상을 혼자 살아간다면 경제가 필요 없을까?

정답은 '아니오'다.

로빈슨 크루소는 배가 난파된 뒤 무인도에 홀로 떨어지게 되었다. 만약 로빈슨 크루소가 경제 활동을 전혀 하지 않았다면 그는 아무것도 안 한 셈이고, 결국 굶어 죽었을 것이다. 그런데 그는 굶주린 배를 채우기 위해 고기를 잡고, 편안한 잠자리를 마련하고자 집을 지었다. 나무에서 과일을 따고, 식량이 부족해질 때를 대비해 저장까지 해놓았다. 로빈슨 크루소는 경제의 출발이라고 할 수 있는 '자급자족'을 한 것이다.

만약 그 섬에 로빈슨 크루소 외에 다른 사람이 살고 있었다면 어떻게 했을까?

로빈슨 크루소는 바닷가에 살고 다른 한 사람(그의 이름을 윌슨이라고 하자)은 들판 쪽에 살았다고 가정해보자. 바닷가에 사는 로빈슨 크루소는 물고기를 잡아 식량을 삼고, 들판에 사는 윌슨은 과일을 따거나 농사를 지었을 것이다. 주린 배를 채우는 데는 한 가지 음식만으로도 충분하겠지만, 한 달 이상 같은 음식만 먹으면 누구나 질려버릴 것이다. 물고기와 과일을 서로 교환해서 먹으면 이러한 아쉬움이 충족된다. 내가 가진 것과 남이 가진 것을 서로 바

꾸는 일이 '교환경제'의 출발이다.

　만약 갖고 싶은 것이 있다면 누구나 경제학적 사고를 할 수 있다. 그것을 남이 갖고 있을 때 힘으로 빼앗지 않고 어떻게 자기 것으로 만들 수 있을지 생각해보자. 뭔가 '대가'를 지불해야 한다.

　가정에서도 경제학적 사고방식을 가져보자. 부모님께 무엇인가를 원한다면 그에 합당한 '대가'를 지불해야 한다. 부모님의 사랑은 무한하므로 무엇이든 자식이 원하면 무조건 해준다는 생각은 이제 버리자. '세상에 공짜는 없다'는 생각이 바로 경제학적 사고방식의 기본 원칙이다.

1

이코노게임의 시작

캡 모자를 눌러쓰고 밀리터리 바지와 펑퍼짐한 흰색 티셔츠를 입은 지호는 서울 도심 한가운데에 자리한 조금 작은 건물 앞에 서서 그 건물을 멍하니 바라보고 있었다. 여기가 맞나 싶어 몇 번이고 바라보는 지호의 눈빛은 조금 차가웠다. 자신의 관심 분야가 아니라면 그저 시니컬하게 대하는 것이 지호 성격이었기에 새삼 어색하지는 않았다. 오히려 평소보다는 많이 누그러져 있다는 사실이 낯설 정도였다.

언제나 자신이 좋아하는 것, 그러니까 미친 듯이 춤추는 것 외에는 거의 관심을 두지 않는 지호였다. 하지만 그런 지호가 춤 말고 유일하게 좋아하는 것이 있다면 바로 게임이었다. 마침 방학 기간이라 평소 같으면 거의 하루의 절반 이상을 춤에 쏟으며 친구들과 춤 삼매경에 빠져 있을 이 시각에, 지호가 도심 한가운데 서 있는 것도 바로 그 '게임에 대한 호기심' 때문이었다.

몇 주 전 받은 아주 희한한 메일에서 지호의 눈에 들어온 것은 오직 두 글자뿐이었다. 바로 게임! 그 메일이 스팸메일과 맞먹을 만큼 아주 이상하다는 사실은 새로운 게임에 대한 지호의 호기심을 막을 수 없었다. 결국 지호는 그 좋아하던 춤 연습까지 미루고 이곳에 온 것이다. 더불어 지호에게는 '이코노'에 대한 목표가 있었다.

"이코노게임이라… 내가 접수해주지."

조금 건방진 말투로 그렇게 중얼거리며 지호는 건물 안으로 발을 떼었다. 아니, 떼려 했다. 등 뒤에서 누가 부르지만 않았어도 지호는 들어갔을 것이다. 하지만 일단 누군가가 자신을 부른 이상 돌아보게 되는 건 당연한 일, 귀찮다는 듯 얼굴을 찌푸리며 고개를 돌렸을 때 지호의 눈에는 낯익은 여자아이의 모습이 들어왔다. 노란 티셔츠에 청치마를 입은. 그리고 한 가지 덧붙이자면, 그 아이의 팔에 강아지 한 마리가 들려 있었다. 강아지를 본 지호의 눈살이 더욱 찌푸려진 순간, 여자아이가 반갑다는 듯 지호에게 달려왔다.

"정지호! 너도 올 줄 몰랐다. 와, 여기서 보니까 진짜 반갑다!"

"어."

"딱딱하기는."

"너 여기 왜 왔어?"

"너랑 같은 이유겠지. 게임이라잖아. 재밌을 거 같아서 왔는데?"

"뭣 모르고 온 거면 돌아가라, 너."

"어?"

"돌아가라고, 뭣 모르고 온 거면. 방해만 될 테니까."

지호는 왜 이런 이야기를 나누고 있어야 하는지 이해할 수 없다는 듯 무표정으로 대답했다. 목표와 호기심으로 뭉쳐 얼른 들어가고 싶은데다가 원래 성격이 냉소적인 지호 입장에서는 유리와의 대화가 귀찮을 뿐이었다.

유리는 지호의 차가운 반응에 무척 속상했다. 원래 성격이 그렇다고 알고는 있지만, 너무하다 싶었던 것이다. 그래도 유리는 마음속으로 '좋아하는 내가 꾹 참아야지 어쩌겠어'라고 스스로를 달랬다.

"뭔데? 말해봐. 네가 말해주면 되잖아. 응? 관심 있는 걸지도 모르⋯⋯."

"사회 시간에 매일 졸기만 하는 애가 관심은 무슨. 게다가 강아지까지 데리고 온 주제에."

"야, 정지호, 진짜, 너⋯ 왜 괜히 루나한테⋯⋯."

"강아지 이름 따위엔 관심 없다. 이코노는 이코노미(Economy)

의 약자야. 네가 매일 조는 수업 시간에 배우는 '경제'라고. 그럼 난 이만 들어간다."

"경, 경제라고? 설마, 난 그냥 게임하러……."

유리는 경제란 말에 화들짝 놀랐다. 그런 유리의 반응을 보며 고개를 설레설레 젓던 지호는 바로 앞의 작은 회색 건물을 가리키며 물었다.

"네가 찾는 건물 여기 아냐?"

유리는 고개를 끄덕이다가 이내 울상인 표정을 지었다. 그도 그럴 것이 경제에 대해 아는 것도 없고, 별로 좋아하지도 않았기 때문이다. 지호는 그런 유리를 보며 성가시다는 듯 입을 뗐다.

"저 건물 안에 방이 하나는 아닐 거 아냐. 너랑 나랑 다른 데 찾아왔나보지. 그럼 나 먼저 간다."

긴 다리로 훌쩍 먼저 가버리는 지호의 뒷모습에 유리는 살짝 당황했다. 하지만 당황도 잠시, 언제나 당당한 유리는 지호의 등 뒤에 대고 크게 소리쳤다.

"야, 정지호! 넌 어째 애가… 너도 혹시 메일 받고 온 거야?"

그러자 지호가 다시 멈춰 섰다. '메일'이라는 단어에 반응한 것이다. 그 틈을 타 유리는 다시 지호의 옆으로 다가갔다.

"너도 메일 받고 온 거 맞지?"

"너도?"

처음으로 유리의 말에 눈을 반짝이는 지호였다. 그러나 그 반짝거림도 잠시, 이내 특유의 무표정으로 돌아온 지호는 뒤도 돌아보지 않고 다시 건물을 향해 빠르게 걸었다. 지호의 쌩한 반응에 당황한 유리는 멍하니 지호의 뒷모습만 바라보고 서 있었다. 잠시 뒤 뜨거운 햇살에 정신을 차린 유리는 거의 건물 안으로 들어선 지호를 씩씩하게 부르면서 쫓아갔다.

"야! 같이 가!"

"이야, 여기 되게 어둡다. 진짜 여기 맞긴 맞나?"

건물 안은 무척이나 어두웠다. 불이 전부 꺼져 있을 뿐만 아니라 아주 미세한 빛줄기 하나 새어 들어오지 않는 곳이었다. 뭐가 뭔지 알아볼 수도 없는 곳에서 유리는 자신도 모르게 지호의 옷자락을 꽉 움켜쥐었다.

"야."

냉정하기로 소문난 지호답게 곧바로 차가운 반응이 튀어나왔지만, 유리는 그 손을 풀 수가 없었다.

"미안한데 조금만… 진짜 무서워서 그래. 응? 같은 학교 친군데 너무 냉정하게 굴지……."

"그러니까 가. 경제에 대해 알지도 못하는 애가 무슨 이코노게임이야."

"그러는 넌, 뭐 많이 알아? 어?"

"너보다는 훨씬 많이 알아. 그리고 많이 알아야 하기도 하고."

지호는 피식 실소를 띠며 대답한 뒤 빨리 '이코노게임'을 찾고 싶다는 듯 두리번거렸다. 어느새 어두움에 적응하긴 했지만, 보이는 것이 없기는 마찬가지였다.

"아, 진짜 삐딱해, 정지호."

유리 말대로 지호 성격은 사실 좀 삐딱했다. 전형적인 '아웃사이더' 성격이라고나 할까. 낯가림도 심하고 사람 사귀는 것도 좋아하지 않았다. 여럿이 함께 있기보다는 혼자만의 세상을 즐기기를 더 좋아했다. 지호는 학교에 떠도는 소문대로 '잘사는 집' 도련님으로, 아버지는 대기업 이사였다. 하지만 그것은 어디까지나 표면적인 사실일 뿐, 지호 본인은 그런 데 별로 신경을 쓰지 않았다. 아니, 않았었다. 적어도 1년 전만 해도. 상당히 똑똑하고 아는 것도 많았지만, 그런 점을 전혀 드러내지 않는 성격이기도 했다. 아무튼 정지호는 그런 소년이었다.

혼자서 여기저기 둘러보는 지호의 행동에 마음이 상한 유리는 자신의 품에 있던 루나를 꼭 끌어안았다. 그 순간이었다. 어두움이 무서워서 그저 꼭 안으려고 했을 뿐인데, 유리의 팔에서 폴짝 뛰어내린 루나가 쏜살같이 지호가 살짝 열어둔 문틈으로 달려가 버렸다.

"어라… 야, 루나! 돌아와!"

당황한 유리는 생각할 겨를도 없이 루나를 따라 유리문 안으로 달려갔다. 갑작스런 일에 당황한 지호는 어쩔 수 없다는 듯 고개를 설레설레 저으며 안으로 따라 들어갔다. 그렇게 두 사람은 이코노게임이 펼쳐질 건물 안으로 발을 들여놓게 되었다.

"으, 어디로 갔는지 보여?"

"솔직히 지금 너도 안 보여. 그러게 강아지는 왜 데리고 왔냐?"

"아, 몰라. 금방 찾겠지. 무슨 건물이 이렇게 깜깜해. 귀찮으면 안 찾아줘도 돼. 내가 진짜 미안하니까. 아, 이유리 또 사고 쳤어, 진짜."

유리는 정말 미안하다는 듯 머리를 마구 헝클어뜨리며 사방을 두리번거렸다. 그러나 아무것도 보이지 않았다. 건물 안에는 빛이라곤 거의 없이 어둠만이 존재했다.

그 순간 어느 정도 밝은 빛이 그녀 앞에 보였다. 당황한 유리가 고개를 돌리자, 무표정한 얼굴로 휴대전화 라이트를 켠 지호가 서 있었다.

"고, 고마워."

"귀찮은 건 딱 질색이야. 빨리 찾아."

"…아, 응."

유리는 씩 웃으며 루나가 갔을 만한 곳을 다시 찾기 시작했다. 밖에서 봤을 때는 분명 그리 큰 건물이 아니었건만, 막상 안에서 여기저기 뒤지려니 규모가 상당했다. 연방 이름을 불러가며 루나의 흔적을 쫓고 있을 때였다. 유리가 무언가를 발견한 듯 지호를 불렀다.

"이거 봐봐!"

"반쯤 열린 문이라……."

"응. 이 안으로 루나가 들어가지 않았을까? 루나 걔가 원래 열린 문으로 왔다 갔다 하는 거 좋아하거든. 그런데 들어가도 될까?"

"바로 나오기만 하면 되겠지."

지호가 주머니에 손을 찔러 넣은 채 먼저 문을 밀며 안으로 들어갔다. 현대적인 건물과 무척 안 어울리게도 나무로 된 문이었다. 뭔가 이상한 기분이 들었지만, 일단 루나를 찾아야 했기에 유리는 지호를 따라 그 문 안으로 들어섰다. 그리고…….

"루나!"

하얀 강아지 한 마리가 방 한가운데 얌전히 앉아서 그들을 바라보고 있었다. 다행이다 싶었던지 안도의 한숨을 내쉬며 유리는 강아지를 안아 들었다. 그런데 그 순간, 쾅하고 요란한 소리가 나며 그들이 들어온 나무문이 닫혔다.

"어라?"

순간 오싹한 기분이 들어 유리는 지호 옆에 바싹 붙었지만, 지호는 묘한 표정을 지으며 문 쪽으로 향했다. 문고리를 다시 잡아 돌리는데……

"안 열리는데?"

"어?"

"이거 잠겼어. 완전히 갇혔네, 우리."

"… 말, 말도 안 돼. 이거 뭐, 새로운 유괴 방식이야? 야, 정지호. 뭐라고 말 좀 해봐. 응?"

유리는 불안한 표정으로 떨고 있었다. 무표정을 유지하던 지호마저 입술을 잘근잘근 깨물 정도였다. 뾰족한 방법이 없었다. 들어온 문이 닫힌 이상, 예상보다 커 보이는 방 반대편으로 걸어가는 수밖에. 그때……

"아, 진짜! 루나! 돌아와!"

한 번도 이런 적 없던 루나는 오늘따라 무슨 기운에라도 이끌리듯 다시 유리의 팔에서 폴짝 뛰어내려 쏜살같이 달려가기 시작했다. 유리는 그런 루나를 잡기 위해 마구 달렸다. 지호는 그 자리에 잠시 서 있다가, 어쨌거나 뒤로 돌아 나갈 수 없다면 앞으로 나아갈 수밖에 없다고 판단했는지 다시 한 번 묘한 표정을 지으며 이내 같이 달리기 시작했다.

"헉… 루나, 너 오늘따라… 헉… 왜 이래, 진짜."

가까스로 루나를 잡은 뒤 멈춘 유리와 지호는 숨이 찬 듯 헉헉대고 있었다. 얼마나 달려왔지, 유리 정문으로부터 얼마나 떨어져 있는지, 그 나무문으로부터는 또 얼마나 멀리까지 왔는지 가늠할 수도 없었다. 이 건물이 이렇게 컸었는지도 알 수 없었다. 게다가 더 알 수 없는 것은…….

"말, 말도 안 돼."

"여기 뭐냐?"

"이건 진짜…….."

두 사람을 경악하게 만든 것은 그들 주변의 풍경이었다. 어쩐지 밝아졌다 했는데, 마치 야외인 양 햇빛이 쨍쨍 비추고 있었던 것이다. 게다가 생전 처음 와보는 곳이었다. 분명 서울 도심 한복판에 위치한 건물, 따라서 밖으로 나왔다고 해도 이런 풍경은 있을 수 없는데…….

"완전 푸른 농장이네."

"알프스 초원 같아."

그곳에는 풀밭이 드넓게 펼쳐져 있었다. 아주 싱그럽고 푸르른 풀밭이었다. 게다가 그저 풀밭만 있는 것도 아니었다. 젖소들이 가득한 농장이 바로 눈앞에 보였던 것이다. 젖소들 옆엔 우유병도 잔뜩 있었다. 말 그대로 알프스나 뉴질랜드, 또는 여기가

정말 우리나라라면 그나마 강원도에서나 볼 정도인 초원과 농장의 모습이었다.

"우리 지금 같이 꿈꾸는 건가?"

"설마."

"진짜 이거 뭐지? 이코노게임을 위해 무슨 이벤트 같은 거 준비한 게 아닐까?"

"아무리 그래도 이건 좀……."

어느새 무표정에서 벗어나 살짝 흥미가 생긴 듯한 표정의 지호는 걱정 반 호기심 반으로 사방을 둘러보았다. 유리는 놀라움 그대로를 얼굴에 담고서 농장 여기저기를 걸었다. 이윽고 그들의 발걸음은 우유병이 가득 쌓여 있는 곳에 멈추었다.

"우유 좋아해? 어떻게 된 일인지는 모르겠지만, 어쨌거나 여기왔으니까 이거라도 마시자."

키 크고 싶다는 욕심 하나로 우유를 무척 좋아하는 유리가 먼저 우유병 하나를 집어 들었다. 그런데 그 순간…….

"이건 또 무슨……."

유리의 손에 들린 우유병이 먼지처럼 사라졌다. 그뿐만이 아니었다. 그곳에 수북이 쌓여 있던 모든 우유병이 한꺼번에 사라져버렸다. 동시에 몇 마리인지 가늠할 수도 없을 만큼 많던 젖소들도 마치 꿈처럼 다 사라져버렸다. 어리둥절한 표정으로 눈을 깜빡이며 다시 푸른 풀밭을 이리저리 둘러보는 그들의 눈앞에 보이는 건… 겨우 젖소 한 마리뿐이었다.

"도대체 이게 다 뭐야!"

유리가 이해할 수 없다는 듯 볼멘소리로 크게 외쳤다. 그때 모든 상황을 조용히 바라보기만 하던 지호가 피식 웃더니 손가락으로 어느 한 곳을 가리켰다. 지호의 손가락 끝에는 10대 후반 정도로밖에 보이지 않는 정체불명의 한 소년이 서 있었다. 그것도 무척이나 잘생긴 소년이. 그저 청바지에 면 티만 입었을 뿐인데도 무척이나 매력적이었다. 소년은 씽긋 웃더니 그들에게 다가와 활기찬 목소리로 말했다.

"그거 그냥 마시면 안 되는 건데 말이지."

"……."

"유리야."

유리는 그 소년이 자신의 이름을 자연스럽게 부르자 당황해서 한 발짝 물러섰다. 하지만 지호는 전혀 동요하지 않고 팔짱을 낀 채 무표정으로 그를 응시할 뿐이었다. 소년이 그들을 바라보더니 다시 한 번 씩 웃으며 입을 뗐다.

"아, 미안. 인사부터 해야겠구나."

"……."

"이코노게임에 온 것을 환영해."

2

🐾

경제의 출발

"저, 저기요."

지호는 그저 어디 한번 이야기해보라는 듯 소년을 바라보고 있는데, 당황한 유리는 도저히 가만있을 수가 없었다. 애초에 이 건물에 도착했을 때부터 지금까지의 모든 상황이 한결같이 이해가 안 되기는 했지만, 특히나 소년의 등장은 더더욱 갑작스러웠던 것이다.

"내 이름은 '저기요'가 아니라 인제경."

"네?"

"뭘 처음 보는 사람처럼 구냐, 너희들. 나 모르겠어?"

특유의 무표정으로 삐딱하게 서 있던 지호가 드디어 흥미가 생겼다는 듯 눈을 반짝이며 모노톤으로 중얼거렸다.

"아무것도 아니다."

"에? 너, 너 무슨… 설, 설마 그럼 저 사람이 그때 그 아, 아저 씨라고?"

"내가 아저씨 아니라고 했지!"

유리는 고개를 설레설레 저었다, 입으로는 말도 안 된다고 연방 중얼거리면서. 그때 그 '아저씨'는 온통 새까만 복장에 보기만 해도 소름 돋는 그런 모습이었는데, 지금 자신의 눈앞에 서 있는 것은……

"완전 꽃미남이잖아!"

"와우, 유리 너 보는 눈은 있구나! 그럼, 그럼. 내가 좀 미남이 긴 하지."

"이봐요."

"인제경이라니까?"

"뭐든 간에요."

지호가 괜히 제경과 신경전을 펼치듯 툭툭 쏘아붙였다.

"뭐, 그래. 뭐든 간에."

"지금 이게 뭐 하는 건데요?"

"이봐, 정지호, 모르겠어? 알면서 묻지 마."

제경이 귀찮다는 듯 고개를 설레설레 젓다가 이내 씩 웃으며 가볍게 입을 뗐다.

"내가 보낸 초대장을 너희가 받았고, 그래서 너흰 이 자리에 있고. 그럼 여기가 뭐겠니? 게다가 내가 아까 말해줬잖아. 그런데도 몰라?"

"그러니까 이게……."

유리가 눈을 깜빡였다.

"이코노게임이라는 거네."

지호가 피식 웃으며 유리의 뒷말을 받았다, '게임'이라는 두 글자를 유독 강조하면서. 게임이라면 확실히 지호의 관심 분야였다. 물론 잘하기도 했다. 그리고 이코노, 즉 경제에 대한 그의 '목표'는 뚜렷했다. 그는 어떤 방법을 써서라도 경제를 마스터해야 했다. 그런데 게임으로 할 수 있다면 더할 나위 없었다. 지호는 다시 한 번 삐딱하게 말했다.

"그럼 이게 첫 스테이지?"

"음, 아니. 너희처럼 완전 초보들을 데리고 바로 첫 스테이지로 들어가기엔 내 마음이 너무 여려서 말이야."

"그럼 뭔데요, 이게?"

놀라고 두려운 마음에 여전히 떨고 있는 유리가 물었다. 게임을 즐기긴 하지만, 그렇다고 잘하는 편은 아닌 유리는 긴장할 수밖에 없었다.

"이게 뭐겠냐고, 첫 스테이지가 아니라면? 그런 것까지 내가 다 가르쳐줘야 하나.”

“음… 튜터리얼?”

유리가 주위를 둘러보더니 말했다. 게임 같은 것을 하다보면 간혹 첫 스테이지 전에 나오는 그 단계, 웬만큼 게임 좀 한다하는 애들은 그저 넘기기 바쁜 바로 그 단계, 물론 게임을 좋아하긴 하지만 잘 못하는 유리로서는 매번 도움을 받을 수밖에 없는 바로 그 단계.

“그렇지!”

튜터리얼은 게임에서 일종의 도우미 같은 존재였다. 게임 진행을 매끄럽게 해주는 단계이며, 첫 스테이지 전에 ‘이 게임은 이런 것이다’라고 소개하는 단계이기도 했다.

“자, 그럼, 튜터리얼을 시작해볼까?”

가만히 그들을 지켜보고 있던 제경이 씩 웃었다, 허공으로 손가락을 튕기면서.

“이건 정말 말도 안 돼.”

“너 자꾸 그런 생각 할 거냐?! 이건 어디까지나 게임이야, 게임. 무한 상상력 없이는 승리할 수 없는 거라고! 아, 뭐, 그래도 예쁘니까 봐주지.”

유리는 제경의 핀잔에 풀이 죽었다가 마지막 덧붙임 한마디에 얼굴이 새빨개져 고개를 푹 숙였다. 예쁘다니! 사실 그 말은 지호에게 가장 듣고 싶었는데, 처음 만난 제경이 해줄 줄이야. 유리는 슬쩍 지호를 바라보았다. 하지만 지호는 아무 표정 없이 제경이 다시 만들어낸, 좀 전에 먼지처럼 사라져버렸던 그 젖소들과 우유병들을 둘러볼 뿐 자신에게는 신경도 쓰지 않았다. 유리는 한숨을 푹 내쉬었다.

사실 제경의 손가락 튕김 한 번만으로 이 모두가 생겼다가 사라졌다가 다시 생긴다는 것은 쉽게 상상할 수 없는 일이었다. 물론 게임이니까 그러려니 하고 넘길 수도 있었지만, 쉽게 그럴 수 없었던 건 시각, 청각, 촉각, 후각 등 마치 현실처럼 생생한 모든 느낌 때문이었다. 모든 것이 그대로인데 어떻게 그저 '게임'으로 받아들일 수 있단 말인지…….

"아야!"

"유리야, 꿈은 아냐. 그저 게임이라니까. 더도 말고 덜도 말고 게임. 그러니까 그저 즐겨. 왜 꼬집고 그래, 너를."

제경이 특유의 미소를 지으며 말했다. 혹시나 꿈은 아닐까 싶어 스스로를 꼬집어보았던 유리의 얼굴은 더욱 빨갛게 달아올랐다.

"뭐, 그저 아까의 상황을 재현해보고 싶었어. 자, 유리야. 집어, 우유병을."

유리는 또 사라질 게 뻔한데 이걸 집어야 하나 싶어 고개를 갸우뚱했다. 하지만 튜터리얼을 잘못 따라가면 실제 게임에서 심하게 뒤처지겠다는 생각이 머릿속을 스쳐 지나가자 망설임 없이 우유병 한 개를 집었다. 게임을 좋아하는 지호에게 더 이상 폐를 끼칠 수는 없는 일이었다. 그리고……

"으아! 또, 또 사라졌어!"

유리는 그럴 줄 알았다는 듯 어깨를 으쓱하며 먼지가 흩날리는 손을 털었다. 지호는 기대도 안 했다는 듯 시니컬한 표정으로 주위를 돌아보았다. 역시나 젖소들도 사라져 있었다.

"사라진 건 중요하지 않아. 몇 번이고 보여줄 수 있으니까!"

'사라짐'에 대한 두 사람의 반응을 보며 제경이 단호하게 말했다. 지호가 여전히 제경이 마음에 들지 않는다는 듯 날카로운 눈빛으로 물었다.

"그럼 뭐가 중요한데요?"

"그야 우유를 마실 수 없다는 거지."

"사라졌으니까 못 마시는 게 아니다, 뭐 그런 소리인가?"

"반말을 하려면 반말을 하고 존댓말을 하려면 존댓말을 해, 정지호."

"뭐, 그러죠."

"말투가 맘에 안 든단 말이야. 지금은 튜터리얼 중이야. 나 화나게 하면 그냥 첫 스테이지로 가버리는 수도 있어."

"맘대로 하시든가."

지호의 한마디에 제경의 미간에는 주름이 잡혔지만, 지호는 그저 피식 웃으며 어깨를 으쓱해 보였다. 경제, 경제만 마스터할 수 있다면 어떤 식이든 상관없다, 그것이 현재 지호의 생각이었다. 물론 게임까지 즐길 수 있다면 마다할 이유가 없었다.

"저, 제경 오빠."

"… 응?"

제경은 순간적으로 당황했다. 오빠라니, 빨개진 얼굴을 애써 감추며 괜한 헛기침으로 흠흠거리다가 다시 고개를 돌려 유리를 바라보는 제경이었다. 그러나…….

"오빠 소리가 그렇게 좋으셨어?"

지호의 시니컬한 모노톤의 쏘아붙임은 피할 수 없었다. 유리는 괜히 자기가 잘못한 것 같아 고개를 푹 숙였으나 웃음은 참을 수 없었는지 키득거렸다. 제경은 눈썹을 씰룩거리며 지호를 째려보았지만, 지호는 여전히 무표정 그대로를 유지한 채 계속 진행이나 해보라는 듯한 눈빛을 보냈다.

"됐어! 아, 진짜!"

결국 지호에게 뭐라고 하는 것을 포기한 제경은 괜히 한번 소리를 치더니 다음 말을 이어나갔다.

"중요한 건, 왜 우유를 마실 수 없었는가야. 사라져서가 아냐,

사라진 이유가 뭐냐는 거지.”

언제 장난을 쳤냐는 듯 진지한 표정으로 설명을 하는 제경의 목소리에는 카리스마가 있었다. 고개를 푹 숙인 채 키득거리던 유리가 진지한 표정으로 그를 바라보았다. 무표정으로 관심 없다는 듯 바라보던 지호도 내색 없이 귀 기울여 들었다.

“그건 바로……”

“……”

“돈을 내지 않았기 때문이지.”

“에?”

“돈을 내고 마셔야 하는 건 당연해.”

순간 두 사람의 눈이 동그랗게 변했다. 그건 정말이지 당연했다. 아주 어린 애들이라도 알고 있는 당연한 사실. 그런데 왜 여기서는 그렇지 않을 것이라 생각했을까. 유리는 너무나도 당연한 사실을 자신이 잊었다는 데 놀랐는지 입까지 딱 벌린 채였다.

“그리고 그게 바로 이 게임의 시작이라고 할 수 있지.”

“이 게임의 시작이요?”

“또는 경제의 시작이라고나 할까?”

제경이 다시 한 번 씩 웃었다. 그의 눈은 밤하늘의 별보다 더 반짝거렸다.

“그런데 너희 생각해본 적 있어? 왜 우유는 돈을 내고 마셔야 할까?"

"당연한 거 아닐까요?"

"당연은 무슨. 넌 예쁘긴 한데 생각을 안 하는 거 같아. 그나저나 귀엽네, 얘."

제경은 유리에게 장난기 섞인 목소리로 한마디 쏘아붙인 뒤, 루나를 자신의 품에 끌어안았다. 제경의 품에 안긴 루나는 기분이 좋아 보였다.

"왜 사람들은 돈을 내고, 아니, 그러니까 왜 무언가를 '포기'해야 다른 무언가를 얻을 수 있을까?"

"그건……."

"희소성."

"어라? 경제에 대해 알긴 아는구나, 정지호?! 표정이 건방져서 짜증났는데 이러면 뭐라고 하지도 못하겠네."

지호의 퉁명스러운 대답에 제경이 놀랐다는 듯 눈을 크게 뜨며 칭찬 아닌 칭찬을 했다. 물론 지호는 아무 대꾸도 하지 않았지만. 그 순간 루나가 폴짝 제경의 품에서 뛰어내렸다.

"뭐, 쉽게 말해 희소성이란 인간이 원하는 양에 비해 실제로 있는 양은 적다는 뜻이야. 누구나 원하는 만큼 무엇이든 가질 수 있다면 좋겠지만, 현실은 그렇지 않잖아."

유리가 갖고 싶었으나 용돈 부족으로 사지 못했던 원피스를 생각하며 고개를 끄덕였다.

"전 세계 최고 부자라고 꼽히는 사람들조차 모든 걸 다 가지진 못해. 그렇지? 그러니 사람들은 대가를 치를 수밖에 없는 거야, 무언가를 가지는 데 대해서. 조금이라도 더 갖고 싶어하는 사람들이 더 많은 대가를 치르게 되는 거고."

제경은 설명을 마치며 씽긋 미소 지었다. 어느새 유리의 입가에도 미소가 떠올랐다. 무표정으로 일관하던 지호의 입 꼬리도 슬쩍 올라가 있었다. 물론 자신도 모르는 사이에 저절로 올라간 것이었지만.

"자, 그럼 이제 첫 스테이지로 향해볼까?"

제경이 두 사람과 각각 눈을 마주치더니 큰 소리로 외쳤다. 그리고 아까처럼 허공에 대고 손가락을 튕겼다. 이번엔 조금 세게.

"저게 뭐예요?"

"뭐긴, 문이지."

"누가 그걸 몰라요. 무슨 문이냐고요?"

"첫 스테이지로 가는 문."

지호의 불만 섞인, 그러나 한껏 누그러진 물음에 제경은 진지하게 대답했다. 첫 스테이지로 가는 문이 나타났다는 것은 이제 튜터리얼이 끝났음을 의미했다. 다시 말해 본격적인 게임의 시작이란 뜻이기도 했다.

지호의 눈이 반짝였다. 게임이라면 자신의 전문 분야였다. 그리고 경제, 게임을 통해서 제대로 배워갈 작정이었다. 물론 얼마나 도움이 될지는 미지수였지만.

"생각보다 튜터리얼이 짧네요."

"뭐 너희는 괜찮을 거 같아서."

두 사람과 제경은 천천히 그 나무문을 향해 걸었다. 그러던 중 유리가 조심스럽게 아까부터 궁금하던 한 가지를 물었다.

"그나저나 오빠는 정체가 뭐예요?"

"글쎄."

"네?"

"그저 게임의 관리인이야. 솔직히 나도 내 정체는 잘 모르겠는걸. 그렇다고 해서 그때처럼 '아무것도 아니다'는 아니야. 분명히 이름이 있으니까."

유리는 무슨 뜻인지 모르겠다는 듯 고개를 갸우뚱하며 지호를 바라보았다. 그러나 지호는 그저 빨리 게임이나 시작했으면 좋겠다는 듯한 표정을 지을 뿐이었다.

"난 너희를 안내하는 역할을 하지, 이 게임에서. 아, 물론 때로는 방해도 할 거야. 너희들이 경제를 제대로 배우면서 게임을 풀어갈 수 있도록 말이지. 특히 저 친구는 맘에 안 들거든. 넌 예뻐

서 맘에 드는데."

지호를 턱으로 슬쩍 가리키며 제경이 투덜거리듯 말했지만, 정작 지호는 아무렇지도 않다는 듯 어깨를 으쓱해 보일 뿐이었다. 지호의 관심사는 유리도 제경도 아니었다. 게임과 경제, 그 두 가지뿐이었다. 게임은 관심 분야였고, 경제는 아버지께 인정받기 위한 유일한 수단이었다. 태연한 지호와는 달리 유리의 얼굴은 새빨개져 있었다. 애써 헛기침을 하던 유리는 대화 주제를 돌리기 위해 재빨리 머리를 굴려 질문을 찾아냈다.

"유령이에요?"

"야! 나같이 잘생긴 유령 봤어?"

"왕자병은."

지호가 투덜거렸다. 그러자 제경이 눈썹을 씰룩거렸다.

"정 내게 뭐라고 붙여주고 싶으면 차라리 악마라고 해."

"에? 그게 뭐예요! 무섭게."

"왜 멋있잖아."

"그게 뭐가 멋있어요!"

"그래도 유령은 어감이 별로야. 요정은 나보다 예쁜 아가씨들에게 잘 어울리는 거고. 그러니까 악마쯤으로 해줘."

"그냥 사람 하면 안 돼요?"

"그건 폼이 안 나."

뭐 이런 사람, 아니 악마, 아니… 아무튼 뭐가 됐건, 뭐 이런 게 다 있어, 하는 표정으로 두 사람이 제경을 바라보았다. 하지만 제경은 아무렇지도 않다는 듯 어깨를 으쓱해 보일 뿐이었다.

"뭐, 그것도 싫으면 그냥 불러."

"……."

"인제경이라고. 그거면 충분한 거 아냐?"

그때 다시 낮으면서도 선명한 젖소의 울음소리가 그들의 귀에 들려왔다. 그 순간 유리가 갑자기 멈춰 섰다. 그러고는 무언가 생각이라도 난 듯 손뼉을 치며 젖소를 돌아보았다.

"그러고 보니……."

"우리 루나 못 봤어요, 오빠?"

"루나?"

"네! 하얗고 조그마한 강아지요!"

"… 아, 그 강아지 이름이 루나야?"

"네. 못 봤어요?"

유리는 혹시라도 잃어버렸을까 다급하게 물었다. 이유는 알 수 없었지만 젖소를 보는 순간 문득 잊고 있던 루나가 떠올랐던 것이다. 루나는 애초에 이 건물 안으로 들어오게 된 가장 큰 계기이기도 했다. 유리는 안절부절못하며 제발 제경이 알고 있기를 바란다는 듯 간절한 눈빛을 보냈다.

"휘이이이익……."

제경은 대답 없이 휘파람을 불었고 이내 저 멀리서 젖소가 달려왔다. 순간 유리는 자기 눈이 잘못된 줄만 알았다. 이상하게도 소가 웃는 것처럼 보였기 때문이다. 그때 지호가 시니컬하게 말했다.

"그러니까 지금 저 소가 아까 그 강아지다, 뭐 이런 건 아니죠?"

"와우, 너희… 생각보다 센스가 있어. 이 강아지가 얼마나 영리한데. 자기 혼자 뛰어내리더니 이렇게 젖소가 됐잖아?"

"뭐, 뭐라고요?"

유리가 당황해서 제경의 옆에 선 젖소를 바라보았다. 어느새 소는 조금씩 작아지더니…….

"루, 루나!"

이내 그 젖소는 정말로 하얀 강아지로 변해 있었다. 제경은 루나를 확 끌어안는 유리를 보더니 피식 웃었다. 하마터면 두고 갈 뻔했다는 것은 숨기는 편이 낫겠다는 생각에 제경은 화제를 돌렸다.

"자, 그럼 영리한 강아지도 찾았으니, 이제 다시 가볼까?"

"뭐 잊은 거 없어요?"

"뭘?"

"튜터리얼 끝났잖아요."

"그런데?"

"줘야죠."

"뭘?"

"아이템이요."

당연한 걸 왜 묻고 있냐는 듯 지호가 모노톤으로 대답했다. 확실히 게임 자체에 익숙한 지호였다. 지호의 말에 제경이 순간 잊고 있던 게 떠오른 듯 입을 딱 벌렸다가 이내 손가락을 두 번 팅겼다.

"게임 관리인이라기엔 뭔가 좀 모자란 거 같아요."

"아, 아냐! 잊어버린 게 아니라고!"

"오빠, 티 다 나는데……."

유리가 조심스럽게 자신의 의견을 냈다. 그러자 제경은 얼굴이 빨개진 채로 헛기침을 하며 괜히 고개를 돌렸다.

"괜히 쑥스러운 척하지 말고 아이템이나 주세요. 어디 있어요?"

"네 눈앞에!"

정말 많이 쑥스러운지 제경이 버럭 소리를 질렀고, 지호는 비웃음을 보내며 자신의 앞을 살폈다. 어느새 그곳엔 하나의 자루가 놓여 있었다.

"이게 우리 아이템이에요?"

"안에는 순 음식뿐이네요?"

유리가 자루를 살짝 열어보더니 말했다. 그러자 제경이 조금은 진정이 된 얼굴로 그들을 돌아보며 말했다.

"뭐, 다른 좋은 건 먼저 온 사람들이 채 갔나보지."

"먼저 온 사람들도 있어요?"

"그럼 게임을 너희 둘만 하겠어?"

"아, 뭐……."

"아무튼 챙겨. 그 정도면 아주 충분히 유용해."

그 말에 지호가 자루를 바라보았다. 꽤나 많은 음식이 들어 있어 보나마나 무거울 거라 짐작했지만, 그래도 남자인 자신이 들어야 한다는 생각에 힘을 쓰는데……. 웬걸, 무겁기는커녕 아주 가뿐한 느낌이 들었다.

"되게 가볍네. 또 뭐 했어요?"

"제발 여기가 무한 상상이 가능한 곳이란 걸 잊지 말아줘. 자, 그럼 어서 가자. 첫 번째 스테이지를 너희에게 빨리 보여주고 싶으니까."

제경은 '상상'이라는 두 글자를 다시 한 번 강조하며 나무문을 활짝 열어젖혔다. 유리와 지호는 천천히 그 문 안으로 떨리는 발걸음을 뗐다. 이코노게임의 첫 번째 스테이지가 시작되는 순간이었다.

끝없는 욕구와 한정된 자원

경제 활동은 사람만 하는 것일까?

경제는 기본적으로 무엇인가를 원하는 '욕구'에서 출발한다. 가장 기본적인 욕구는 먹고 싶어하는 '식욕'이다. 짐승은 식욕을 해결하기 위해 뭔가를 만들지 않고 자연에서 해결한다. 초식동물은 풀을 뜯고, 풀이 없어지면 풀이 있는 곳으로 이동한다. 육식동물은 다른 동물을 사냥해야 한다.

사람 역시 처음에는 이와 마찬가지였을 것이다. 자연에서 얻어지는 것을 먹고 살다가 씨앗을 뿌려 곡식과 과일을 '생산하기 시작했고, 힘을 합쳐 모은 식량을 나눠 먹게 되었다. 문명이 발달하면서 사람의 욕구는 다양해졌고, 자기과시나 자아성취를 위한 욕구를 충족시키기 위해 예전에는 전혀 필요 없던 귀금속이나 각종 디자인의 의류, 다양한 형태의 주택이 등장하게 되었다. 생존을 위한 것뿐 아니라 수많은 사람의 이러한 욕구를 충족시키기 위해 모든 것이 존재한다면, 그곳은 천국일 것이다. 예를 들어 금은 모든 사람이 갖기를 원하는 것이다. 그러나 금은 모든 사람이 나눠 갖기엔 그 양이 너무나 부족하다. 사람들이 원하는 양에 비해 존재하는 양이 적은 것, 이것이 바로 자원의 희소성이다.

인간의 욕구와 자원의 희소성, 경제는 여기에서 출발하고, 이것이 동물들이 경제 활동을 하지 않는 까닭이다.

3

수요, 나는 원한다

"이건 정말, 정말 말도 안 돼요!"

"뭐가 말이 안 돼?"

"여기, 조선 시대예요?"

"응. 뭐, 대략 그런 듯."

아무리 비현실이라지만 그림 같은 푸른 초원에서 나무문 하나 통과했다고 조선 시대 시장이라니……. 유리는 입을 딱 벌린 채 고개를 설레설레 저었다. 하지만 제경은 이 정도로 놀라면 곤란 하다는 표정을 지으며 자신의 품에 안겨 있는 루나를 쓰다듬었 다. 루나도 별로 놀랍지 않은지 기분 좋은 표정을 짓고 있었다. 유리는 주인인 자기보다 제경을 더 따르는 루나 때문에 괜히 심 술이 나서 입술을 삐죽이며 물었다.

"그러니까 이게 첫 스테이지예요?"

"응. 스테이지 원(Stage 1)에 온 걸 환영해. 그리고 삐죽거리지 마. 예쁜 얼굴 미워져."

"와, 발음 죽인다."

"별말씀을. 음, '스테이지 1 — 조선 시대의 시장'이라고 말해 줘야겠구나, 정확히 말하면."

"조금 더 자세히 말해봐요."

이제 본격적인 게임이 시작된다는 데 흥분했는지 지호가 평소 답지 않게 눈을 반짝이며 물었다. 유리는 그런 지호를 가만히 바라보았다. 반짝이는 아이의 눈이 참 매력적이라 느껴지는 순간, 유리의 가슴이 알 수 없게 콩닥거렸다.

"뭐, 딱히 말해줄 건 없어. 지나다니면서 이것저것 설명은 해주지. 나와 NPC들이 함께 만들어가는 퀘스트들을 해결하면 돼."

"퀘스트라……."

지호가 알겠다는 듯 고개를 끄덕였다. 하지만 유리는 무슨 말을 하는지 이해할 수 없다는 듯 고개를 가우뚱하며 제경에게 물었다.

"조금만 다른 말로요. 뭐라고 하신 건지 전 도통……."

"NPC는 게임에 나오는 엑스트라 캐릭터들, 퀘스트는 그들이 주는 미션… 그런 거지, 예쁜 아가씨."

"고, 고맙습니다."

유리는 아까부터 계속 '예쁘다'고 해주는 제경 때문에 쑥스러운지 고개를 푹 숙이며 대답했다. 그 모습에 지호는 소리 없이 웃었다.

"그럼 대충 이해들은 한 것 같고……."

"그게 전부예요?"

"아니. 너희가 무찔러야 할 누군가도 나올 거야. 게임의 다른 참가자라고나 할까. 언제 어떤 형태로 등장할지는 나도 몰라."

"그럼 시작하죠, 뭐. 질질 끌 필요 없잖아요."

게임 자체에 들뜬 지호는 자신이 웃고 있다는 사실도 알지 못한 채 제경을 재촉했다. 제경은 그런 지호의 표정에 씩 웃으며 외쳤다.

"자, 그럼 출발…이 아니라, 잠시만!"

제경은 뭔가 생각난 듯 손뼉을 치더니, 이내 손가락을 튕겼다. 이젠 어느 정도 제경의 행동에 익숙해진 아이들은 놀라지도 묻지도 않고 그를 가만히 바라보기만 했다.

"자, 어때?"

"에… 그, 그거 갓이에요?"

"응! 이 정도는 해야 이 스테이지에 어울리지 않겠어?"

유리는 제경의 모습을 바라보며 당황스럽다는 듯 입을 딱 벌렸다. 청바지에 하얀 면 티를 입고, 그 위에 갓을 쓰다니! 그래놓고서 어울리느냐고 묻다니! 언밸런스도 저런 언밸런스는 없을 거야 싶어서 유리는 고개를 설레설레 저었다.

"저, 오빠, 그건 좀 아니에요."

"왜? 사람들 다 쓰고 다녀서 나도 써봤는데… 몰라, 난 맘에 들었으니까. 그러니 불만은 접수하지 않겠어. 자자, 그럼 가보자!"

문득 유리의 머릿속에 분식집에서의 첫 만남이 떠올랐다. 그때도 제경은 검은 정장에 캡 모자를 쓰는 아주 희한한 패션을 보여줬는데……. 제경의 패션 감각은 무척이나 독특한 것이 틀림없다고 유리는 결론을 내려야 했다. 그리고 이내 시선을 돌려, 아닌 척하지만 누구나 다 느낄 수 있는 열의를 드러내며 제경보다 먼저 걸어가고 있는 지호의 뒷모습을 가만히 바라보았다.

"그러고 보면 저 녀석은 패션 감각도 좋다니까."

"… 응? 예쁜 아가씨, 뭐라고?"

"아, 아니에요!"

그 순간 유리의 얼굴은 무척이나 붉게 물들어 있었다.

"시장을 둘러보니 무슨 생각이 들어, 너희는?"

"음, 아무래도……."

"무언가를 사고 싶다는 생각 아니겠어요?"

가벼운 음식 자루가 자신의 어깨에 메져 있다는 사실이 여전히 어색한지 잘 있는가를 계속해서 확인하던 지호가 대답했다.

"빙고!"

"네?"

"뭘 놀라, 맞았다고. 그러니……."

"여기서 물건을 사자고요?"

"그렇지!"

제경이 루나를 가볍게 쓰다듬으며 대답했고, 루나는 기분이 좋은지 꼬리를 살랑살랑 흔들었다. 유리는 루나가 자신이 아닌 다른 사람의 품에서 저렇게 좋아할 수도 있구나 싶어 놀랐지만 내색은 하지 않았다.

"너희가 이 시장에서 물건을 사고 싶다고 했지? 그렇게 어떤 상품에 대해 사고 싶은 욕구를 경제에서는 수요라고 불러."

"수요요?"

"응. 경제의 가장 중요한 개념 중의 하나라고 할 수 있지."

"일단 말 꺼냈으니까 뭐라도 사게 돈을 좀 주세요."

지호가 게임에 본격적으로 뛰어들어 직접 느껴보겠다는 듯 제경을 재촉했다. 하지만 제경은 무슨 생각인지 그저 씽긋 웃을 뿐 돈을 꺼내주지는 않았다. 그리고 잠시 뒤 제경은 다시 입을 뗐다.

"대단하다니까, 너희들은."

"뭐, 뭐가요?"

"설명을 안 해줘도 앞서가잖아. 그래, 돈! 중요하지, 물론. 음, 수요량이라는 게 있어. 그건 말이지……."

"보나마나 사고 싶은 양 말하는 거 아니에요? 수요에다가 '양'만 덧붙인 거잖아요. 누가 몰라, 그런 걸."

"그래, 맞는 말이야. 그런데 너무 많이 빠뜨렸어, 너. 여기저기 둘러보면서 느껴보고 싶은 마음은 알겠는데, 좀 진정하고 얘기를 듣지 그래?"

지호의 보챔을 여유 있게 제압해버린 제경은 마치 약 올리듯 생글생글 웃으며 말을 이어나갔다. 지호는 한 방 먹어서 기분이 상했는지 입술을 삐죽였지만, 그래도 설명은 듣겠다는 듯 빨리 말이나 해보라는 표정을 지었다. 유리는 그런 지호를 보면서 생각보다 그의 표정이 훨씬 다양하다는 사실을 느끼며 저도 모르게 씩 웃었다.

"그래, 사고 싶은 양. 맞긴 한데, 그냥 단순히 그게 아냐. 조건이 몇 가지 붙지. 그걸 명확히 알고 있어야 해! 첫 번째 조건은 일정 기간이라는 거야."

"일정 기간이요?"

"그래. 그저 너희가 막연히 평생을 살면서 사고 싶은 양, 그러면 곤란하다는 말이야. 일정한 기간이 정해져 있어야 해. 1년이면 1년, 2년이면 2년."

"두 번째는요?"

"두 번째 조건은 아까 지호가 말했던 거야."

"돈?"

지호가 퉁명스럽게 되묻자 제경이 고개를 끄덕였다.

"돈도 없으면서 사고 싶은 양, 이러면 안 된다는 거야. 살 수 있는 능력을 갖춘 다음에 원해야 의미가 있는 거지. 그래서 경제학자들은 어려운 말로 효력이 있는 수요량이라고 해서 유효수요량이라고도 하는데, 어쨌거나 '살 수 있는 능력이 있어야 한다'는게 중요해!"

"그러니 지금은 뭘 원해도 우리가 원하는 건 수요량이 아니라는 뜻이네요?"

유리가 동전 하나 없는 주머니를 뒤적이면서 물었다.

"그래, 내가 돈을 주기 전까지는."

"그게 조건 끝이에요?"

"원래 세 번째까지는 듣는 게 예의야. 마지막 조건이 남았으니까."

"뭔데요?"

"우리말의 어감에 무척 주의해야 해. 지금까지 내가 수요를 언급할 때 뭐라고 했지?"

"사고 싶은 욕구요."

"원하는 거?"

"그래. 원하는, 사고 싶은. 이 두 말에서 나오는 결론은?"

제경의 물음에 두 사람이 고개를 갸우뚱했다. 무엇을 묻고자 하는지 쉽게 와 닿지 않았기 때문이다. 제경이 씽긋 웃었다.

"실제로 산 게 아니라 사려고 한다는 거야."

"아!"

"어떻게 보면 계획이라고도 할 수 있지."

"그러네요!"

"한 가지 또 짚고 넘어가야 할 게 있는데……."

제경이 숨을 돌리려는 듯 잠시 한 템포 멈췄다가 말을 이어나 갔다.

"주어진 가격이란 말도 생각을 해봐야 해. 그저 원하는 게 아니라, 어떤 정해진 가격에서 원하는 양이라고 할 수 있는 거야. 이를테면 음……."

"그런 거 아니에요? 500원이면 사 먹어도 1,000원이라면 안 사 먹을 그런 과자들이요!"

"그래. 유리 입장에서는 주어진 가격이 500원이라면 원하는 거고, 1,000원이라면 원하지 않는 거잖아. 그러니 주어진 가격이 얼마인가도 고려해야 한다는 거야."

"되게 복잡하네요."

가격이 오르는 바람에 안 사 먹은 과자를 떠올리며 유리가 고개를 끄덕였다.

"정리해줄게. 그러니까 수요량은 일정 기간 동안 어떤 주어진 가격에서 물건을 사는 사람이 살 수 있는 능력을 갖추고 사려고 하는 가장 많은 양이라고 할 수 있지."

아이들은 제경의 말을 하나씩 하나씩 떠올리며 의외로 복잡한 개념을 머릿속에 정리하기 위해 애썼다. 그때 지호가 불쑥 입을 뗐다.

"이제 물건 사러 가요?"

"설명할 거야 아직도 쌓였지만, 사면서 하자. 그게 너희들이 이해하는 데도 훨씬 도움이 될 테니까. 자, 그럼 가볼까?"

"도대체 엽전 열 냥으로 뭘 사란 거야?!"

"뭔가 살 수 있겠지. 똑같이 열 냥인데 투덜거리긴, 정지호."

"야, 너… 아, 됐다."

확실히 자기 관심 분야가 아니라면 금세 시들해지는 지호다웠다. 지호는 유리의 말에 반박하려다가 귀찮다는 듯 입을 다물어버렸다. 이 기회에 조금이라도 친해지고 싶었던 유리는 안타까웠지만 어쩔 수 없었다. 그러다 문득…….

"너, 그런데 내 이름은 알아?"

"뭐?"

"내 이름 부른 적 없잖아, 너. 내 이름 아냐고?"

설마 모르지는 않겠지 싶어 물었는데, 지호의 얼굴에 떠오른 표정은 모른다고 하고도 남을 정도여서 유리는 왠지 불안했다. 아무리 혼자 좋아하는 거라지만, 그래도 서운한 마음은 어쩔 수 없었다. 하지만 대화는 거기서 끊겼다.

"두 사람! 너무 늦어! 빨리 와봐!"

제경의 부름에 유리는 지호의 대답을 듣지 못한 채 조금 빠른 걸음으로 제경에게 다가가야 했다.

"와, 만두네요!"

"응. 이거 먹고 싶은데, 너희도 먹을래?"

"뭐, 저희야……."

"그 전에 생각을 좀 해보자."

제경이 한쪽 눈으로 윙크를 하더니 무슨 생각인지 손가락을 세 번 튕겼다. 그러자…….

"어, 어라?"

"너희들의 이해를 돕기 위해 잠깐 장난을 좀 쳤지."

"이, 이게……."

"뭘 놀라. 아직도 이코노게임을 너희가 살던 현실 세계와 같은 세계라고 생각하고 있는 건 아니지? 그럼 진짜 둔한 거다, 너희."

아무리 같은 세계가 아니라 해도 두 사람에겐 좀 당황스러운 일이었다. 그도 그럴 것이 지금까지 활발히 움직이고 왁자지껄하게 시끄럽던 시장이 한순간에 '그대로 멈춰!'가 되었기 때문이다. 달려가던 사람도, 넘어지던 사람도, 흥정하던 사람도, 그 순간 그대로 일시 정지 상태가 된 것이다. 입을 딱 벌린 채 바로 옆에 서 있던 사람을 꾹꾹 눌러보던 유리는 고개를 저으며 말도 안 된다고 중얼거렸다.

"말은 안 되지만 여기선 된다니까. 자, 그럼 만두를 보면서 얘기해볼까? 이 만두에 대한 수요량을 생각해보는 거야, 우리는. 알았지?"

"그러죠, 뭐."

"수요량이란 게 무엇에 의해 변화할 수 있는가에 대해 생각해보는 거야. 우선 이걸 기억하자. 현재 가격은 만두 한 개에 한 냥이야, 오케이? 이런 조건이라면 너희 모두 각각 한 개씩을 사 먹을 거니?"

"네!"

안 그래도 배가 고팠던 유리는 크게 대답했다. 반면 지호는 대답 없이 고개만 슬쩍 끄덕였다. 제경이 말을 이어나갔다.

"그런데 갑자기 만두 가격이 올라서 한 개에 네 냥이 되었어.

이럴 때 너희는 어떻게 할까? 그래도 한 개씩 사 먹을 거야?"

"당연히 아니죠! 미쳤어, 만두 한 개에 네 냥이면, 지금 가지고 있는 돈의 거의 2분의 1이라고요!"

잠자코 있던 지호가 발끈하면서 소리쳤다.

"그럼 예쁜 아가씨, 너는?"

유리는 잠시 고민하는 듯하더니 고개를 끄덕였다. 그러자 제경이 씽긋 웃었다.

"봐. 이게 수요량에 영향을 주는 첫 번째 요인이야. 그 물건의 가격!"

"아, 그러네요."

"다른 조건들도 생각해보자. 너희가 만두 대신 먹을 수 있는 게 뭐가 있을까?"

"음… 찐빵이요. 그런데 그거 조선 시대에도 있었어요?"

"비슷한 건 있었지. 뭐, 아무튼 찐빵이라고 생각을 하고 이야기하자. 원래 만두도 찐빵도 모두 한 개에 한 냥이었어. 그런데 찐빵의 가격이 한 개에 반 냥으로 떨어진 거야. 이럴 때 너희는 어떤 결정을 할까?"

"아무래도 만두보다는 찐빵을 먹겠지."

잠시 생각을 하더니 지호가 마치 혼잣말인 양 대답을 했다. 지호의 태도가 마음에 안 들었던지 제경의 미간이 찌푸려졌다. 그러다가 이내 고개를 끄덕이고는 다시 설명을 이어나갔다.

"그렇지. 여기서 알 수 있는 점은 다른 물건의 가격 또한 그 물건의 수요량에 영향을 줄 수 있다는 거야. 그 외에도 무척 다양한 요인들이 있어. 그 물건을 좋아하는 정도의 변화, 너희들이 가진 돈의 변화 등등. 이 모든 것은 잠시 뒤에 살펴보도록 하고, 일단 너희들이 지금 알아둬야 할 건……."

"수요량을 변화시키는 요인은 여러 가지가 있다는 점을 알아야 한다, 이거죠?"

"완벽해! 제법인데?"

유리는 제경의 칭찬에 빨개진 얼굴로 수줍게 웃었다. 그러다가 문득 지호와 눈이 마주쳤고, 두 사람은 그 순간 바로 고개를 돌려버렸다. 지호는 헛기침까지 하며 쑥스러움을 애써 감췄다.

"자, 그럼 다시 만두 이야기로 돌아가볼까?"

제경은 지호와 유리를 가만히 바라보다가 피식 웃더니, 허공에 돌리던 손가락을 가볍게 튕겨주었다.

"이, 이건 또……."

"인제경의 이코노 만두 가게에 오신 것을 환영합니다."

어느새 제경은 완벽하게 만두 가게 주인으로 분장해 있었다. 유리와 지호는 눈을 깜빡이며 정말 제경이 맞나 싶어 고개를 갸우뚱했지만, 씽긋 웃는 모습은 확실히 제경이었다.

"아직 너희들이 NPC에 적응이 되지 않은 것 같아 이번에는 조금 배려해준 것뿐이야."

"아직도 튜터리얼의 연장선이다, 이거예요?"

"뭐, 그렇지."

"본격적인 게임은 도대체 언제 하는데요?"

계속해서 기다려도 게임다운 게임이 시작될 기미가 보이지 않자 지호는 화가 났는지 어느새 다시 무표정으로 돌아가 있었다. 경제에 대해 알아가자는 1차적 목표는 달성됐으나, 게임이 아니라면 그다지 만족스럽지 않았기 때문이었다.

"곧. 너무 걱정 말고 일단은 하나하나에 충실해. 그 편이 좋을 거야, 나중을 위해선."

"좋아요. 이번 건 또 뭔데요?"

호기심 가득한 눈으로 유리가 물었다. 평소 사회 시간에 항상 졸기 바쁘고, 경제란 따분하고 어려운 과목이라고 교실에서 외치고 다니는 유리가 눈을 반짝이며 집중하는 모습을 보이자 지호는 꽤나 놀랐다. 물론 겉으로 내색은 하지 않았지만.

"당연히 수요와 수요량에 대한 이야기지!"

"또 알아야 할 게 남았어요?"

"물론이지. 자, 우선 천천히 만두를 하나씩 먹으면서 내 물음에

답해봐."

아이들은 만두를 하나씩 받아 들고 반짝이는 눈빛으로 제경을 바라보았다. 제경이 자신의 손 위에 만두 한 개를 올리더니 물었다.

"먼저 이 만두가 한 개에 한 냥일 때, 너흰 각각 몇 개를 살 거니? 아, 그 전에!"

제경이 손가락을 한 번 튕겼다. 그러자 '그대로 멈춰!' 자세를 취하고 있던 옆의 만두 가게 손님 둘이 그들 곁으로 다가왔다. 유리는 소스라치게 놀라 지호 쪽으로 다가섰지만, 막상 지호는 아무렇지도 않다는 듯 태연한 자세로 다가온 손님들을 응시할 뿐이었다.

"자, 거기 아저씨 둘도 대답해보세요. 그리고 너희들도. 만두가 한 개에 한 냥입니다. 몇 개 살 건가요?"

아이들은 곰곰이 생각하면서 자신이 사려는 개수를 각자 말했다. 아저씨들도 대답했다. 모두가 하나씩이었고, 유리만 혼자 두 개를 사겠다고 대답했다. 제경의 물음은 만두가 다섯 냥일 때까지 똑같이 이어졌고, 그때마다 대답은 조금씩 달라졌다. 마지막 물음에 사겠다고 대답한 사람은 유리 한 명뿐이었다.

"잘했어. 뭐, 아저씨들도 수고하셨어요, 그럼 이만!"

제경이 손가락을 튕기자 아저씨들은 다시 '그대로 멈춰!' 자세로 돌아갔고, 유리는 다시 봐도 적응 안 된다는 듯 고개를 설레설레 저었다.

"그럼 이제 너희와 아저씨들의 대답을 표로 만들어볼까?"

제경이 씩 웃으며 손에 들고 있던 만두를 한 바퀴 돌리자 저쪽에 놓여 있던 만두 반죽이 허공에 길게 늘어뜨려졌다. 깜짝 놀란 유리가 한 발짝 뒤로 물러서며 고개를 갸우뚱했지만, 제경은 씽긋 웃으며 그냥 지켜보라는 듯한 표정을 짓고 있었다. 그리고 이내…….

"진짜 이건 말도 안 돼요!"

"이제 그만 적응할 때도 되지 않았어?"

"아, 아무리 그래도 이건…….

유리뿐만 아니라 지호까지 입을 딱 벌릴 수밖에 없었던 이유는 바로 그 반죽 위에 까만 글씨가 씌어졌기 때문이다. 제경이 말한 '표'라는 사실을 알아차리는 데는 그리 오랜 시간이 필요하지 않았다. 다만 보면서도 도저히 못 믿겠다는 듯 눈을 몇 번이고 감았다 뜰 뿐이었다.

만두 가격	1냥	2냥	3냥	4냥	5냥
수요량	5개	4개	3개	2개	1개

"어때, 깔끔하지?"

"먹는 거 가지고 장난치는 거 아니에요, 오빠."

유리가 조심스럽게 자신의 의견을 이야기했다. 그러자 제경이 한쪽 눈을 깜빡이며 윙크를 하더니 대답했다.

"이건 장난이 아냐, 예쁜 아가씨. 너희 공부잖아. 여긴 너희가 살던 세계가 아니라 이코노게임의 세계라고! 너무 신경 쓰지 마."

"그래서 이건 왜 만든 건데요?"

그나마 표정 변화 없이 제경을 바라보고 있던 지호가 삐딱하게 물었다.

"이 표를 보면 얻을 수 있는 결론이 있으니까. 그게 뭐 같아?"

"가격이 비싸지면 수요량이 줄어든다는 거겠죠, 뭐."

학교에서 들은 기억이 있는 지호는 뭐 이런 걸 묻느냐는 듯 심드렁한 표정으로 대답했다. 그러자 제경이 피식 웃었다.

"그게 끝이 아니잖아! 이 녀석, 수업 제대로 안 들었군. 아가씨는?"

"글쎄요."

"이러면 아까 내가 가르쳐준 보람이 없잖아!"

"네?"

"실컷 다른 조건을 가르쳐준 보람이 없단 소리야. 자, 봐. 이 표는 어디까지나 만두 가격의 변화에 의한 거지? 절대 만두 가격 외의 다른 조건들은 변하면 안 돼! 다른 조건들이 변하지 않을 때, 가격이 떨어지면 수요량은 증가한다는 점이 이 표를 통해 너희가 얻어야 하는 매우 중요한 결론이야. 심지어 그것은 법칙이라고!"

제경이 무척이나 중요하다는 듯 평소답지 않은 큰 목소리로 이야기했다.

"법칙이요?"

"그래, 수요의 법칙이라고 불러. 꼭 기억해둬!"

제경은 씽긋 웃더니 다시 한 번 손에 들고 있던 만두를 휙 돌렸다. 마치 마법 지팡이라도 돌리는 듯한 제경의 화려한 손놀림을 바라보던 지호는 조금 우스웠는지 자신도 모르게 피식 웃어버렸다. 잠시 뒤, 반죽 위에 그려졌던 표는 어디론가 사라져버리고 하나의 그래프가 나타났다.

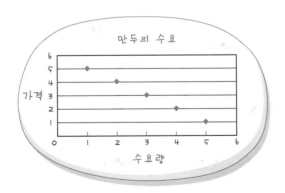

"이건……."

"아까 그 표를 그래프로 바꾼 거야."

"별로 그래프를 좋아하지 않겠지만, 설명하기 위해서는 꼭 필요하니까 그냥 친해지길 바라. 그게 너희들에겐 좋을 거야."

수학이라면 일단 골치부터 아파왔던 유리는 속마음을 들킨 것 같아 얼굴을 붉혔다. 제경은 모른 척 다음 말을 이어나갔다.

"이걸 깔끔하게 이으면 이렇게 되지. 이 그래프를 우리는 수요 곡선이라고 불러."

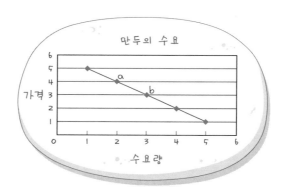

제경이 만두를 슬쩍 던졌다가 받자 점들 사이에 선이 생겼다. 익숙해질 만도 하지만 여전히 익숙해지지 않는 제경의 '마법'에 두 사람은 또 한 번 깜짝 놀랐다.

"그 물건의 가격이 변해서 수요량이 변할 땐 바로 이 수요 곡선

위에서 그 점들이 움직여. 예를 들어 가격이 네 냥에서 세 냥으로 변하면 점 a에서 점 b로 이동하는 거야. 다른 조건이 변하지 않는다면 어떤 가격에서든 수요량은 이 수요 곡선을 벗어나지 못해."

"이 수요 곡선에 꽉 잡혀 있는 거네요?"

"그렇지! 좋은 비유였어."

제경이 씩 웃어 보였다. 유리는 제경의 칭찬에 귀까지 빨개졌지만, 그래프를 몇 번이고 다시 바라보는 것을 잊지 않았다. 뭔가 못마땅했는지 지호가 대뜸 제경에게 물었다.

"그럼 다른 조건이 변하면요? 그땐 어떻게 돼요?"

"그땐 이 곡선 자체가 움직여. 왼쪽, 오른쪽, 그때그때 다르지만. 이런 식으로 말이지."

"무슨 뜻인지 잘 모르겠어요."

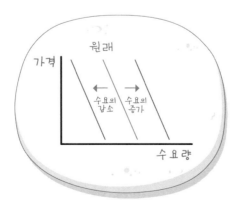

"가격이 떨어지거나 오르지 않는데도 다른 조건이 변하기 때문에 더 사고 싶거나 덜 사고 싶어지는 경우가 있어. 그럴 땐 그래프 자체가 이렇게 오른쪽이나 왼쪽으로 움직인다는 거지. 가격이 변할 땐 그래프 자체가 움직이는 게 아니라 그래프 위에서 움직였잖아? 차이가 뭔지 알겠지?"

"아직도 잘 모르겠어요."

"예를 들어줄게. 그게 쉽겠지?"

이해가 안 간다는 듯 자신을 바라보는 유리에게 제경은 친절한 미소를 보냈다. 반대로 학교에서 배운데다 경제에 자의 반 타의 반으로 관심을 갖고 공부를 해온 지호는 조금 여유 있는 표정이었다. 다만 알 수 없이 신경 쓰이는 무언가 때문에 조금 기분이 좋지 않을 뿐이었다. 제경은 손가락을 튕겼다. 아저씨 두 사람이 다시 움직이기 시작했다.

"우선 만두 가격은 한 개에 네 냥이라고 생각하자. 이때 만두의 수요량은 원래 두 개였어. 그렇지? 그런데 이때 내가 안 먹는다는 두 사람에게 열 냥씩을 더 준다면 어떻게 될까? 그때도 지호 너는 안 먹을래? 아저씨도 안 드실 거예요?"

"20냥이 있다면 먹겠죠, 뭐."

"저도 그럴 거 같아요."

"너는 어때, 예쁜 아가씨? 더 먹고 싶지 않아?"

"네! 20냥이 있다면 더 먹죠, 당연히!"

"분명 가격에는 변화가 없는데 수요가 변하지? 네 냥일 때만 그럴까? 당연히 한 냥, 두 냥, 세 냥, 그리고 다섯 냥일 때도 마찬가지일 거야. 그렇지?"

"네!"

"그래프로는 이렇게 표현할 수 있지."

제경이 손가락을 한 번 튕겨 아저씨들을 다시 '멈춤'으로 해놓고, 그래프 앞에서 슬쩍 손목을 한 번 돌렸다.

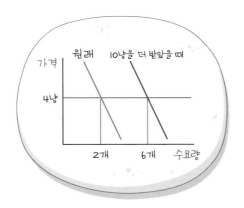

"대표적으로 네 냥일 때만 점으로 표시했지만, 다른 때도 마찬가지라고 생각할 수 있어. 이런 걸 가리켜서 수요의 증가라고해. 증가가 있으면 당연히 감소도 있다는 말은 굳이 안 해줘도 되겠지?"

"그럼요!"

유리와 지호 모두 흥미가 생긴 듯 눈을 반짝였다. 제경은 그런 아이들의 표정이 마음에 들었는지 씩 웃으며 다음 이야기를 이어 나갔다.

"단순히 수요량의 증가 또는 감소와 수요의 증가 또는 감소는 다른 말이야. 수요량의 증가·감소는 아까 처음에 살펴본 수요 곡선 위에서의 움직임을 가리켜. 하지만 수요의 증가·감소는 수요 곡선 자체의 이동을 말하지. 구분되지?"

"네! 그런데 수요가 증가하고 감소하는 경우는 어떤 게 있나요?"

호기심이 많은 유리가 물었다.

"아까 설명한 다양한 조건이 전부 다 여기에 해당돼."

"아까 설명한 거라면……."

"예를 들어 찐빵의 가격이 내려갔다고 생각해봐. 너흰 만두를 더 살까, 덜 살까?"

"당연히 덜 사죠!"

"그럼 어떻게 되지?"

"만두의 수요량이……."

"아냐, 만두의 수요로 시작해야지. 만두의 수요가 줄어들어요. 맞죠?"

"그래. 이건 만두 가격의 변화와 관계가 없으니 만두의 수요량이란 표현을 쓰면 안 돼. 지호 말이 맞아."

유리는 실수를 해서 민망했는지 고개를 푹 숙였다. 그러자 제경이 씩 웃으며 힘내라는 듯 유리의 어깨를 토닥였다. 그 모습이 지호는 왠지 마음에 들지 않았다.

"만두와 함께 먹는 게 뭐가 있지?"

"간장이요?"

"그래. 음, 간장의 가격이 오른다면 어떻게 될까?"

"흠, 그럼 만두를 덜 먹지 않을까요?"

"맞아요! 간장의 가격이 오르면 만두를 덜 먹게 되니까, 그러니까… 아! 만두의 수요가 감소해요!"

"그래, 이번엔 맞혔어."

유리가 쑥스러운 듯, 그러나 기분 좋게 웃었다.

"만두와 찐빵처럼 서로 대신 사용할 수 있는 것들을 어려운 말로 대체재라고 부르고, 만두와 간장처럼 함께 사용해야 하는 것들은 보완재라고 불러. 하지만 우린 편하게 부르자."

"어떻게요?"

사실 내색은 안 했지만 어려운 말에, 그러니까 이미 학교 공부에서도 포기한 단어들에 주눅 들었던 유리가 조심스레 물었다. 제경이 특유의 미소를 짓더니 대답했다.

"바꿔 쓸 수 있는 녀석들과 함께 쓰는 녀석들이라고 부르면 이해도 쉽지 않을까?"

"수요 같은 말도 쉽게 부르면 안 되나요? 사실 그 말도 어려운데……."

"정 어려우면 수요는 원함, 수요량은 원하는 양이라고 불러도 돼. 다만 경제에서 가장 중요한 용어 중 하나이기 때문에 그것만큼은 정확히 알려주고 싶었어."

제경이 친절하게 유리의 물음에 대답했다. 유리는 알겠다는 듯 고개를 끄덕이면서도 훨씬 이해하기 쉬운 '원함'과 '원하는 양'이라는 단어를 중얼거렸다. 그런 모습을 지켜보던 제경은 미소를 띠며 다시 유리에게 물었다.

"다음 주에 만두 가격이 오를 거라고 너희가 생각한다면 원함은 어떻게 변할까?"

"네? 아……."

자신을 배려한 질문에 유리는 쑥스러운 듯 얼굴을 붉히다가 이내 자신 있게 대답했다.

"원함은 늘어나요! 다음 주에 오르기 전에 많이 먹자는 거죠!"

"그래, 그쯤 하면 원함과 원하는 양에 대해서는 다 이해한 것 같지?"

"그건 그렇고, 도대체 게임은 언제 시작……."

"지금부터!"

지호의 투덜거림을 제경은 단호하게 끊었다. 이제 정말 게임을 시작할 듯 제경은 꽤나 진지한 표정으로 손가락을 튕겼다. 그와 동시에 지금껏 멈춰 있던 사람들이 언제 그랬냐는 듯 분주하게 움직이기 시작했다. 그때였다.

"저, 제경 오빠. 머리끈 하나 없죠?"

"응? 그런 게 있을 리가 없잖아, 예쁜 아가씨."

"으, 하는 수 없지, 뭐. 묶어버리고 싶은데……"

안 그래도 뜨거운 날씨에 긴 생머리를 늘어뜨리고 왔으니 정말 더울 만도 한 유리였다.

"뭐냐, 손가락만 튕기면 다 만드는 사람이……"

지호가 유리와 제경을 번갈아 힐끔 쳐다보며 중얼거렸다. 그러더니 이내…….

"잠깐만요!"

"지금 게임 시작한다니……"

"수요하고 싶은 게 생겼어요. 잠깐만요!"

무슨 생각을 하는지 짐작조차 할 수 없을 만큼 자신만의 표정을 유지하던 지호가 갑작스럽게 어딘가로 달려갔다. 지금까지 본격적인 게임의 시작만을 기다리던 녀석이, 제경의 설명에는 별 관심도 없어 보이던 녀석이, 방금 들은 '수요'라는 말까지 써가면서 갑자기 사라져버리자 제경과 유리 모두 당황했지만 기다리는 수밖에 없었다. 그 순간 유리의 눈동자가 흔들렸다.

"설마⋯⋯."

"응, 예쁜 아가씨?"

"아, 아니에요."

유리는 자신도 모르게 가슴이 뛰는 걸 느꼈다.

잠시 뒤, 애써 뛰는 가슴을 진정시킨 유리는 곧 화제를 돌려 질문을 던졌다.

"이제 퀘스트라는 걸 하는 거예요?"

"그래, NPC들과 퀘스트를 진행할 거야. 그런데 얜 왜 안 와? 시작해야 하는데, 이젠."

"어, 저기 온다!"

유리가 달려오는 지호를 발견했다. 지호는 급하게 달려갔다 왔는지 숨을 헐떡거리면서 어느새 그들 앞에 멈춰 서 있었다.

"헉, 헉, 자, 이거."

"⋯ 나 주는 거야?"

"응. 됐으니까 이제 게임 시작해요!"

얼굴까지 새빨개진 지호는 유리와 눈길 한번 마주치지 않았다. 하지만 유리는 알 수 있었다. 자신을 외면하는 게 아니라, 쑥스러워서 마주치지 않는 것이란 사실을. 지호가 건네준 건 머리끈이었다. 박물관이나 텔레비전 드라마에서나 보던 조선 시대의 머리

장신구였지만, 유리에게는 아무 상관도 없었다. 중요한 점은 지호가 자신을 위해 주었다는 것, 그뿐이었다.

"자, 그럼 첫 번째 NPC를 만나러 가볼까?"

제경이 유리와 지호를 번갈아보더니 기분 나쁘다는 듯 양미간을 찌푸렸다. 그러다가 이내 지호와 눈이 마주치자 무슨 생각인지 씩 웃었다. 지호는 제경의 표정 변화가 혼란스러웠지만 아무 내색도 하지 않았다.

"고마워."

"뭐가, 그냥 보기가 답답해서……."

"어쨌건 고마워."

유리를 위해서 사온 것이지만 왠지 사실대로 말하기가 쑥스러운 지호는 다른 말로 둘러댔다. 그러다가 불쑥 유리의 이름을 불렀다.

"이유리."

"… 응?"

"기억해."

"어?"

"네 이름 기억한다고, 나."

예상치 못한 지호의 한마디에 유리는 귀까지 새빨개졌다. 무슨 말을 해야 할지도 모른 채 그저 멍하니 지호만 바라보고 있을 때였다.

"어이, 거기 두 사람! 서두르지 않으면 첫 번째 NPC를 못 만날 거라고! 빨리 와!"

"네, 가요, 간다고요!"

생전 처음 지호와 좋은 분위기를 잡았는데 왜 하필 이때 부르는 걸까 하는 마음에 유리는 괜히 제경이 원망스러웠지만 어쩔 수 없는 일이었다. 이미 지호는 본격적인 게임의 시작이라는 생각에 뛰어간 지 오래였으니까.

"펜 같은 거 가지고 온 사람 없어?"

"펜이요?"

"응."

"저요."

유리가 주머니를 뒤적거리더니 오색 볼펜을 꺼내 제경에게 건넸다. 제경은 예상보다 좋은 물건이 나오자 반갑다는 듯 웃으며 손가락을 튕겼다. 어느새 제경의 손에 조그마한 종이쪽지가 들려 있었다.

"뭐 하려고요, 그걸로?"

"지켜만 보라고!"

첫 번째 NPC를 만난다고 해놓고서 왜 길 한가운데 멈춰 서 있는지, 볼펜과 종이쪽지로 도대체 뭘 하려는 건지, 두 사람은 도무지 제경의 속을 알 수 없어 고개만 갸우뚱했다. 하지만 제경은 아이들의 표정은 상관없다는 듯 여유 있게 미소 지으며 볼펜으로 쪽지에 무언가를 적어 내려갔다.

"뭐예요, 그게?"

"광고!"

"첫 번째 NPC는요?"

"이 광고를 보고 오는 손님이겠지. 그게 누구든."

"네?"

유리와 지호로서는 종이쪽지에 적힌 내용을 도저히 이해할 수 없었다. '다섯 가지 색이 자동으로 나오는 신기한 붓'이라니. 제경이 들고 있는 것은 분명 볼펜이었고, 엄연히 붓과는 다른 물건이었다. 게다가 신기하다니. 아이들 필통에 하나씩은 다 들어 있을 법한 물건인데, 신기할 거라고는……

"아, 조선 시대!"

그 순간 알았다는 듯 유리가 손뼉을 쳤다. 유리의 한마디에 지호도 고개를 끄덕였다. 지금 그들이 서 있는 장소가 조선 시대의 시장이니, 오색 볼펜은 신기한 물건일 수밖에 없었던 것이다. 그렇다 해도 도대체 왜 제경이 저런 것을 썼는지는 풀리지 않는 의문이었다. 하지만 제경은 설명하지 않은 채 손가락만 허공에 튕길 뿐이었다. 어느새 제경의 손에 열 개의 똑같은 볼펜이 들려 있었다.

"도대체 뭐 하려고요?"

"보기만 하라니까. 루나!"

그 순간 제경의 어깨에 얌전히 걸터앉아 있던 하얀 강아지가 폴짝 뛰어내렸다.

"역시 영리한 녀석이라니까."

"네?"

"알아서 광고를 해주겠다고 하네."

"루, 루나랑 말이 통해요, 오빠는?"

"뭐, 대충은. 자, 루나. 다녀오렴."

강아지와 정말 말이라도 통하는지 제경은 한쪽 눈을 찡긋 감았다 뜨며 루나에게 아까 적은 종이쪽지를 물려주었다.

"내가 사겠소, 그 물건. 한양 최고의 권력자인 내가 바로 그 물건을 가질 자격이 있지. 내게 넘기시오."

10분 정도 지났을까. 종이를 물고 갔던 루나가 그들에게 돌아왔다. 척 보기에도 사극에서만 보던 대감을 뒤에 데리고서.

"이, 이게 뭐예요?"

"너희가 기다리던 첫 번째 NPC."

"그래서 퀘스트는 뭔데요?"

잠자코 있던 지호가 흥미 가득 담긴 눈을 반짝이며 물었다. 지금까지 기다린 것만으로도 몸이 근질근질했다는 듯한 표정이었다.

"팔아봐, 이 볼펜, 아니 붓을."

"네?"

"팔아보라고, 저 사람에게. 단 저 사람의 행동을 잘 관찰해야 해. 현재 우리는 수요, 그러니까 '원함'에 대해 생각해보고 있는 중이니 말이야."

생각보다 단순한 제경의 퀘스트에 지호는 입술을 삐죽였지만, 그래도 본격적인 게임이니 제대로 해보자는 마음으로 도도해 보이는 대감 앞으로 나섰다. 유리도 호기심 가득한 눈빛으로 지호 옆에 섰다.

"한 냥이라면 몇 개를 사시겠어요?"

"야, 한 냥이라니? 열 냥이라면 몇 개를 사시겠어요?"

유리의 '한 냥'이란 말에 지호가 핀잔을 주면서 '열 냥'을 불렀다. 하지만 대감은 같잖다는 듯 코웃음을 치며 양쪽 손가락을 쫙 펴 보였다. 열 개를 다 사겠다는 의미였다.

"30냥이면요?"

'에라, 모르겠다'는 생각으로 유리가 30냥을 불렀다. 그러자 대감의 표정이 살짝 굳어졌다. 잠시 고민하는 듯하더니 그가 손가락을 다섯 개 펴 보였다.

"50냥이요!"

화끈하게 50냥을 불러버린 지호는 날카로운 눈빛으로 대감을 바라보았다. 대감의 손가락이 세 개로 바뀌었다.

"흠. 이제 팔까?"

"잠깐. 나라면 여기서 100냥을 불러보겠어."

"네? 하, 하지만 오빠."

"대감마님이라면 이 물건이 얼마나 귀한 건지 잘 아실 겁니다. 다른 대감마님들께 자랑할 수도 있는 물건이죠. 나만이 가질 수 있는 물건이라고 대감마님의 능력과 부를 과시할 수 있으니 얼마나 좋습니까? 그런데도 그렇게 짜게 쓰실 건가요?"

"어허, 이 사람이 감히……!"

"100냥입니다. 어찌하시겠습니까?"

"오, 오빠, 왜, 왜 이래요!"

"아냐, 제경 형 말이 맞아. 그래요, 이 붓은 100냥입니다. 몇 자루를 사시겠어요, 대감마님?"

흥분한 눈빛으로 지호가 제경을 거들고 나섰다. 100냥을 강조하며 대감의 선택을 재촉했다. 당돌한 그들의 말에 대감의 표정이 확 굳었지만, 틀린 말은 하나도 없었다. 주위에 자랑하고 싶은

욕구가 불끈불끈 솟았다. 결국 대감이 고개를 끄덕이며 큰 소리로 외쳤다.

"다섯 자루 사겠네."

"그럼 저흰 남은 다섯 자루를 다른 대감마님들께 팔면 되겠군요."

유리는 무려 500냥이란 계산에 잘 팔았다는 생각으로 흐뭇하게 웃고 있다가, 진지하지만 사뭇 건방진 지호의 목소리에 입을 딱 벌렸다. 도대체 지호가 무슨 생각을 하는지 알 수가 없는 유리로서는 말려야 하는 것 아니냐며 제경을 바라보았지만, 제경은 전혀 그럴 필요 없다는 듯 미소를 짓고 있었다.

"아니, 이 사람이!"

"150냥."

"뭐, 뭐야?"

"저희가 팔 수 있는 가격은 150냥입니다. 이제 어쩌시겠어요?"

"알겠네, 150냥. 개당 150냥씩 쳐주고 전부 다 사지. 그만큼 희귀한 보물이니 말이야."

얼마 전 외국에서 들여온 보물을 손에 넣었다고 자랑하던 친구의 얼굴이 떠오르자 대감은 눈 딱 감고 전부 다 사겠노라 이야기했다. 다른 사람은 절대 사지 못할 물건, 자신의 부를 자랑할 수 있는 물건! 오색 볼펜은 대감에게 무척 매력 있는 '보물'이었다.

150냥이란 거금도 아깝지 않을 만큼.

"여기 있습니다."

"여기 있네."

대감은 무려 1,500냥의 엽전을 넘겨주고도 아깝다는 기색 전혀 없이 볼펜 열 자루를 흐뭇하게 바라보며 돌아섰다. 그런 대감의 뒷모습을 가만히 지켜보던 유리와 지호는 그가 자신들의 시야에서 완전히 사라지자 누가 먼저랄 것도 없이 마구 웃기 시작했다.

"성공한 거 맞죠?"

"그래, 성공했어. 잘했다."

"아까 그냥 50냥에 팔았으면 완전 후회할 뻔했어요."

"그랬으면 퀘스트의 실패지."

"그런데 이게 말이 돼요?"

"왜? 뭐가 말이 안 돼, 방금 판 건 너흰데."

"아까 수요의 법칙 말이에요."

"그게 어째서?"

"가격이 떨어지면 수요량이 증가한다, 가격이 올라가면 수요량은 감소한다, 이거잖아요."

"그렇지."

"그런데……."

"그런데 저 대감은 뭔가 좀 이상해요!"

유리가 이해 안 된다는 듯 큰 목소리로 소리쳤다. 제경이 빙그레 웃었다.

"관찰력 예리한데?"

"네?"

"내가 자세히 보랬잖아, 저 대감의 행동을. 이 퀘스트는 너희에게 수요 법칙의 예외를 가르쳐줘."

"예외요?"

"모든 법칙엔 예외가 있다는 것만큼 세상에서 가장 완벽한 법칙도 없다는 건 알지? 수요 법칙도 당근 예외가 있지! 방금 저 대감처럼 남에게 자랑하기 위한 소비가 그 첫 번째 예외야. 어느 정도 가격까지는 수요 법칙이 적용되지만, 그 이상의 가격이 되면 이젠 정말 '특별한' 사람들만 살 수 있다는 생각에 사람들이 오히려 더 사려고 하는 현상이지. 아까 50냥까지는 수요 법칙이 적용됐지? 그런데 100냥이 되자 이젠 정말 이걸 가지면 자랑할 수 있겠구나 싶어진 거야, 그 대감은. 150냥 땐 더했지. 자기는 이 정도를 살 만큼 부자라는 걸 다른 사람들에게 보여주고 싶었던 거야. 사람들이 명품 브랜드에서는 오히려 싼 것보다 비싼 걸 더 사려고 하는 것도 같은 이치야."

"자랑 소비네요?"

"그래. 쉽게 말하면 그렇고, 경제학자들은 어려운 말로 과시 소비라고도 해. 과시란 곧 자랑이란 뜻이지.”

제경의 설명에 아이들이 천천히 고개를 끄덕였다. 문득 궁금증이 생긴 유리가 눈을 동그랗게 뜨고 물었다.

“예외의 첫 번째란 말은 예외가 또 있다는 거예요?”

“비슷한 경우가 하나 있긴 해.”

“자랑 소비랑요?”

“응. 똑같이 어느 정도까지는 수요 법칙이 적용되다가 어느 가격 이상부터는 오히려 가격이 오를수록 사람들이 더 많이 사려하는 그것.”

“뭔데요?”

“사재기라는 말 들어봤어?”

“사재기요?”

“말 그대로 사다가 재어놓는 거야. 다시 말해 사다가 쌓아두는 것이라 설명할 수 있지.”

“그게 왜요?”

“이런 건 너희 엄마들을 떠올려봐야 해.”

“네?”

“음, 예를 들어보자. 소금 가격이 올랐어. 너희 엄마들은 어떻게 하시지?”

“당연히 덜 사시죠. 절약해서 먹으면 되니까요.”

"그런데 값이 아무리 많이 오른다 해도 소금을 전혀 안 먹고 살 순 없잖아?"

"그야……."

"앞으로 한 달 내내 계속해서 소금의 가격은 오를 거라는 뉴스를 엄마가 보셨어. 이제 어떻게 하실까?"

"미리 소금을 많이 사오지 않으실까요?"

"딩동댕! 바로 그거야."

"네?"

"어느 정도까지는 가격이 오르면 절약으로 해결하지. 다시 말해 수요량이 줄어들어. 하지만 더 이상 절약이 불가능한 시점이 있잖아. 특히 소금 같은 건 아예 안 먹고 살 수 없으니까. 그러면 이제 더 오르기 전에 차라리 많이 사두자는 심리로 많이 사게 되는 거야. 이걸 사재기라고 해."

유리의 눈빛이 살짝 시무룩해졌다. 엄마 이야기에 문득 부모님이 떠오른 탓이다. 이 게임을 무사히 마치고 얼른 집으로 돌아가야지 하는 다짐을 하며 문득 고개를 들었는데, 지호와 눈이 마주쳤다. 유리는 얼굴을 붉히며 고개를 돌렸고, 지호는 무슨 생각을 하는지 계속 무표정을 유지할 뿐이었다.

"자, 그럼 이제 두 번째 NPC를 만나러 가볼까?"

"여긴 어디예요?"

"흥부네 국밥 가게."

"네? 흥부라면 엄청 착한 그 사람이요?"

"맞아, 그러니 너희가 도와줘야지."

"저, 저희가요?"

"응. 놀부네 국밥 가게에선 국밥 한 그릇에 세 냥인데, 흥부네는 한 그릇에 다섯 냥이야. 흥부네 국밥이 훨씬 더 맛있지만, 너무 비싸기 때문에 사람들이 사 먹지 않고 있지. 이런 경우 어떻게 흥부를 도와줄 수 있을까? 단, 단순히 흥부를 돕는 게 아니라 놀부도 혼내줘야 해! 이게 너희의 두 번째 퀘스트야."

"도, 도와주지 않으실 거예요?"

제경은 가볍게 고개를 끄덕이더니, 이번엔 정말 돕지 않겠다는 듯 팔짱을 끼고 루나와 장난을 쳤다.

"우, 우리가 제비도 아니고 도대체 어떻게 하라는 거예요?!"

유리는 얄밉다는 듯 제경을 쏘아보며 소리쳤다. 그러자 제경이 씩 웃었다.

"난 악마라니까? 너희를 돕기도 하지만 때론 방해도 할 거야. 이대로 게임 오버 시킬 수도 있는 기회를 잡은 거지, 내 입장에선. 그런데 아마 저기 저 정지호가 그렇게 내버려두진 않을 것 같은데? 그럼 수고해, 예쁜 아가씨."

제경의 말을 듣던 지호는 어이없다는 듯 건방진 웃음을 입가에 띤 채로 흥부네 국밥 가게로 들어갔다. 유리는 걱정이 가득한 얼굴로 지호를 따랐다. 흥부네 국밥 가게는 제경의 말대로 파리만 잔뜩 날리고 있었다.

　"너흰 누구니?"

　지친 목소리의 힘없는 흥부가 그들을 맞으며 물었다.

　"아저씨를 도와주러 왔어요!"

　"뭐? 너희 같은 아이들이? 됐단다. 국밥이나 한 그릇 말아줄까?"

　"아니에요. 저흰 정말 도와주려고 왔어요!"

　유리가 간절히 흥부를 돕고 싶다는 듯 눈을 반짝이며 소리쳤다. 반면 지호는 흥부를 쳐다보지도 않은 채 무표정으로 맞은편에 있는 놀부네 가게를 응시하고 있었다. 사람들이 줄 서 있는 모습을 보니 정말로 장사가 잘되는 모양이었다.

　"세일."

　맞은편에서 국밥을 파는 심술궂게 생긴 놀부를 바라보던 지호가 혼잣말로 중얼거렸다. 지호의 말을 알아들은 유리가 눈을 동그랗게 떴다.

　"세일?"

　"단순히 세 냥으로 가격을 낮추면 흥부네도 잘 팔 수야 있겠지만, 글쎄. 어찌되었든 놀부를 혼내줄 수는 없어. 그건 퀘스트 성공이라고 할 수 없지. 난 저 맘에 안 드는 인제경이 내준 퀘스트를 확실히 끝내고 싶단 말이지."

"그, 그야……."

흥부에게 가격을 세 냥으로 낮추라고 설득하려 했던 유리가 입술을 지그시 깨물었다. 지호의 말이 맞았다. 그것만으로는 퀘스트의 성공이 될 수 없었다.

"그러니까 세일을 해야 한다고. 여기서 세일을 하면 단순히 세 냥에 파는 것보다 이득이 커질 거야. 모든 손님이 우리 쪽으로 올 테니까. 그럼 놀부도 혼내줄 수 있고."

"저, 애야……?"

가만히 듣고만 있던 흥부가 조금 이해할 수 없다는 듯 고개를 갸우뚱하며 지호를 불렀다. 지호가 한쪽 눈썹을 치켜떴다가 이내 흥부가 왜 그러는지를 알아차린 듯 피식 웃으며 입을 뗐다.

"에누리요."

"에누리? 에누리를 하자고?"

확실히 지호의 짐작대로 흥부는 '세일'이란 말을 못 알아들었던 것이다.

"두 냥으로 가격을 내려보세요. 반드시 이길 수 있어요. 당신의 형님을 말이죠."

지호가 확신에 찬 웃음을 지어 보이며 살짝 거만하게 한쪽 벽에 기대섰다. 유리 또한 지호의 의견에 모두 동감하고 있었다. 흥부는 살짝 불안한 듯 아이들을 바라보며 머뭇거리더니 이내 결심을 굳히고 고개를 끄덕였다. 그리고 자신의 가게 앞쪽 간판을 고쳐 썼다. 원래 적혀 있던 '5냥'이라는 글씨에 빨갛게 X를 치고 그 옆에 '2냥'이라고 써넣은 흥부는 아이들을 바라보며 흐뭇하게 웃었다.

"대, 대단해!"
"가격이 내려갔으니 수요, 그러니까 원하는 사람들이 많아진 건 당연해요!"
제경에게 배운 경제를 떠올리며 유리가 당당하게 소리쳤다. 흥부는 몰려오는 손님들에 놀란 듯 눈을 크게 뜬 채 아무것도 못하고 있었다. 지호가 멍하니 서 있는 흥부를 쿡 찌르더니 피식 웃으며 말했다.
"아저씨, 어서 장사하셔야죠!"
"너, 너희에게 고마워서……."
"별말씀을요. 저흰 아저씨를 돕기 위해 왔어요."
유리가 엄지를 들어 보이며 씩 웃자 놀라움에 굳어버렸던 흥부의 표정도 스르르 풀어졌다. 그리고 이내 흥부는 손님들에게 달려갔다. 아이들에게 '고맙다'고 크게 외치면서. 아이들은 그런 흥부의 모습에 기분이 좋아졌다.

"놀부 가게 쪽에는 사람 없는 것 같지?"

"응. 뭐 여기가 값도 더 싸고 맛도 훨씬 좋은데 누가 저쪽으로 가겠어, 안 그래?"

"그럼 우리가 이긴 건가?"

때마침 놀부의 비명 소리가 멀리서 들려왔다. 그 소리와 함께 그들 앞에 다시 나타난 제경이 씩 웃으며 엄지를 치켜들었다.

"두 번째 퀘스트의 성공을 축하해."

"오빠 없이도 해결했어요! 잘했죠?"

"응, 잘했어. 백화점에서 하는 세일을 잘 응용했던데? 세 냥을 받았다면 아마 열 명 정도밖에 오지 않았을 거야. 하지만 두 냥을 받으니 벌써 20명이 넘게 왔잖아. 간단히 곱하기로 계산해봐도 이게 훨씬 이득이란 걸 알 수 있지. 덧붙여서 놀부도 혼내줬고."

"저, 그런데요."

유리가 살짝 걱정되는 듯한 표정으로 제경을 불렀다.

"응?"

"놀부가 저희 때문에 손님을 잃었죠?"

"그렇지."

"그럼 놀부는 저희 때문에 망한 거죠?"

"그런 셈이지."

"그럼 저기서 달려오고 있는 놀부는 저희한테 화가 엄청 나 있겠네요?"

"앗, 그러고 보니!"

"너희들! 거기 꼼짝 마라!"

빗자루를 들고 달려오는 놀부의 심술궂은 표정에 유리가 기겁을 했다. 화가 머리끝까지 난 놀부라니……. 어떻게 좀 해달라는 듯 유리는 제경의 뒤로 숨었다. 제경이 씩 웃었다.

"맘에 안 드는 정지호는 좀 혼나보라고 놔두고 싶은데 퀘스트도 잘 해결했고, 무엇보다 예쁜 아가씨가 다치면 안 되니까 어디 한번 힘 좀 써볼까나."

제경의 중얼거림을 들은 지호는 콧방귀를 뀌며 자신의 목표에 대해 다시 한 번 생각해보았다. 게임을 즐기며 경제를 배우고, 그리고 아버지께 인정받은 뒤 자신의 취미 생활을 마음껏 누리기, 그것이 지호의 목적이었다. 놀부와 눈이 마주쳤는데도, 그래서 놀부가 더욱 화가 나 쫓아왔는데도 지호는 여유롭게 웃고 있을 뿐이었다.

그 순간 루나가 다시 제경의 어깨에서 폴짝 뛰어내렸고, 동시에 제경의 손가락이 허공에서 가볍게 튕겨졌다. 아이들은 순간 묘한 기분을 느꼈다. 마치 뭉게구름에 휩싸이는 것만 같은 그런 기분을…….

정상재와 열등재, 기펜재, 위풍재

수요 법칙에 따라 가격이 오르면 수요가 줄고, 가격이 내리면 수요가 늘어나는 제품을 정상적인 재화라 하여 정상재라고 한다. 수요 법칙의 예외에 해당하는 것으로는 열등재, 기펜재, 위풍재가 있다.

열등재는 가진 돈이 얼마 없기 때문에 어쩔 수 없이 사용해야 하는 재화로, 돈이 더 많다면 아무리 가격이 싸더라도 다른 제품을 사용하게 된다. 흔히 돼지고기와 쇠고기를 예로 든다. 내가 가진 돈으로는 쇠고기를 살 수 없어서 돼지고기를 사지만, 가진 돈이 늘어난다면 돼지고기 대신 쇠고기를 살 것이다. 돼지고기 가격이 아무리 떨어지더라도 쇠고기를 먹을 것이다. 이 경우 돼지고기는 쇠고기에 대해서 열등재다. 즉 열등재는 소득과 수요의 관계에서 나온다.

기펜재는 열등재 중에서 매우 특이한 경우로서, 가격이 내릴수록 수요가 더 줄어드는 재화를 말한다. 우리나라에서는 1997년 IMF 외환위기 당시 이러한 기펜재가 나타난 적이 있다. 라면은 분명 자장면에 대해 열등재인데, 라면 가격이 자장면보다 상대적으로 더 올랐는데도 라면의 수요가 늘어나는 기현상이 발생한 것이다. 소득이 줄어들 것이라는 불안감 때문에 라면 가격이 올라도 자장면보다 싸다는 심리가 작용함으로써 라면의 수요를 늘린 것이다.

위풍재는 사치 심리에서 비롯된다. 같은 제품이라도 가격이 싸면 싸구려라는 취급을 받게 되고, 가격을 올릴수록 수요가 늘어나는 재화를 위풍재라고 한다. 우리나라에 진출한 미국의 모 청바지 브랜드가 처음에 미국과 같은 수준으로 가격을 5만 원으로 책정하자 판매가 잘 안 되었는데, 가격을 15만 원으로 훌쩍 올리자 제품이 불티나게 팔려나간 경우를 예로 들 수 있다.

4

🐾

공급, 너는 원하니?

"아으, 아파. 느닷없이 이동하는 게 어딨어요! 으, 아파라."

갑자기 바닥에 떨어지는 바람에 엉덩방아를 제대로 찧은 유리는 볼멘소리를 하며 제경을 쏘아보았지만, 막상 제경은 얄밉게도 멀쩡히 착지해 여유롭게 서 있었다. 유리는 고개를 설레설레 저으며 먼지를 탈탈 털고 일어났다. 어쨌거나 놀부에게서 도망칠 수 있어서 천만다행이라고 생각했다.

지호 역시 착지에 성공했으나 웬만해선 무표정을 유지하던 얼굴에는 살짝 변화가 있었다. 그것도 좋은 쪽이 아니라 찌푸림이란 변화가. 아마도 착지하면서 살짝 잘못 디뎠던 모양이다. 발목에 무리가 갔는지 지호는 연방 발목을 돌리며 삐딱하게 제경에게 물었다.

"그래서 이번엔 뭘 할 건데요?"

"수요에 대해 알아봤으니, 그 반대의 경우를 좀 살펴보려고 해."

"반대의 경우라면……."

"쉽게 말하면 판매고, 어려운 말로는 '공급'이라고 불러."

제경이 씽긋 웃으며 뚱한 표정으로 바닥에 앉아 있는 루나를 품으로 끌어안았다. 유리는 이상하게도 제경과 루나가 잘 어울린 다는 생각을 했다.

"너희는 수요에 대해 이미 알고 있으니까 공급은 훨씬 이해하 기가 쉬울 거야."

"게임은 안 하고 또 설명하게요?"

"대략 알아야 게임을 하지. 수요에 대해 알고 있어서 놀부를 이 긴 거잖아."

"그 덕분에 대감에게 볼펜도 팔았죠!"

유리가 자랑스럽다는 듯 소리치자, 제경이 씩 웃었다.

"응, 그랬지. 그리고 이번엔 전적으로 팔기만 할 거고 말이야."

"그래서 공급이 뭔데요? 공급은 팔고자 하는 욕구라도 되나요?"

지호는 수요의 정의를 떠올리며 생각나는 대로 까칠하게 내뱉 었는데, 확실히 자신 있는 대답은 아니었다. 하지만 제경의 얼굴 에 떠오른 표정은 예상외였다.

"대단한데! 눈치가 생겼군. 정확히 맞혔어. 그런 의미에서 공급량도 정의해보지그래, 정지호 군?"

"됐어요."

지호의 얼굴은 다시 관심 없다는 듯 무표정으로 돌아갔다. 분명 눈치도 빠르고 아버지를 닮은 탓인지 타고난 경제 감각도 있었지만, 딱히 경제에 관심이 있거나 흥미를 느끼는 것은 아니었다. 다만 부모님이 자신의 취미 생활을 막지 못하게 하려고 경제 공부의 필요성을 느끼고 있을 뿐이다.

지호의 진짜 관심 분야는 춤, 그리고 게임밖에 없었다. 그걸 즐기기 위해 해야 하는 무언가, 경제는 지호에게 그 이상도 그 이하도 아니었다. 다시 말하면 이 공간도 게임이기 때문에 참여했을 뿐이라는 것이다. 만약 순전히 경제 공부가 목적이었다면 차라리 학원 가서 공부하는 게 낫다고 생각하며 죽었다 깨어도 참여하지 않았을 지호였다.

"흠, 그럼 유리가 맞혀볼래? 대략 수요량과 비슷하다고! 뭐, 예쁜 아가씨니까 기대해도 되겠지?"

"쉽게 말하면 판매하는 양이요?"

"그래, 대신 조건이 있겠지?"

"음, 일정 기간이요. 수요량도 그랬으니까."

곰곰이 생각하던 유리가 눈을 반짝이며 대답했다. 제경이 흐뭇

하게 웃으며 고개를 끄덕였다. 확실히 가르친 보람이 있었다. 이
해도 빠르고 응용력도 좋았다. 덧붙여서 말은 하지 않았지만 유
리는 딱 제경의 스타일이기도 했다.

"또 다른 조건은?"

"혹시 그거예요?"

유리가 고개를 갸우뚱하며 조심스럽게 마지막 의견을 꺼냈다.
지호는 갑자기 톤이 바뀐 유리의 목소리에 자신도 모르게 움찔했
지만 전혀 내색하지 않았다.

"어떤 거?"

"판매하고자 하는 욕구니까… 실제로 판매한 양이 아니라, 판
매하고 '싶은' 양이요."

"오케이, 딩동댕!"

"아, 그리고 그것도 생각해야 하지 않을까요?"

유리가 자신감을 얻었는지 다시 한 번 눈을 반짝이며 말했다.

"주어진 가격이요. 가격에 따라 판매하고 싶은 양이 달라질 것
같은데……."

"진짜 완벽하네. 정말 대단해, 너."

"한번 정리해봐요, 그럼."

이미 정답은 파악했지만 괜히 제경에게 삐딱하게 굴고 싶어진
지호가 퉁명스럽게 물었다. 제경이 양미간을 살짝 찌푸린 채로

고개를 끄덕이더니 입을 뗐다.

"공급량이란 일정 기간 동안 어떤 주어진 가격에서 판매하고자 하는 양을 말해. 이제 됐지?"

제경이 활짝 웃으며 품에 안긴 루나를 쓰다듬었다. 루나가 기분 좋은 듯 꼬리를 흔들면서 가르랑거렸다.

한참을 걸어 나오니 아까와 마찬가지로 조선 시대의 활기찬 시장이 그들 눈앞에 나타났다. 다만 낯익은 듯 낯설게 느껴지는 점으로 미루어 전혀 다른 방향인 것이 분명했다. 시장에 들어서자 호기심이 생겼는지 유리가 물었다.

"그런데 우리는 뭘 팔 건데요?"

"음, 실제로는 안 팔 건데."

"네?"

"우선 기본적으로 알아야 할 내용을 이해한 다음 NPC를 만나 퀘스트를 해결하면 되지 않을까 싶은데?"

"그러니까 또 설명만 늘어놓겠다, 이거네요?"

지호가 살짝 빈정거리는 말투로 쏘아붙이자, 제경이 어쩔 수 없다는 듯 어깨를 으쓱해 보였다.

"뭐, 그냥 이 아이템이라도 팔죠? 이거 다 먹을 거잖아요."

"아, 안 돼!"

자루를 내려놓으려는 지호를 본 제경이 다급하게 손사래를 치며 소리쳤다. 절대 안 된다는 듯 제경은 단호했다.

"안 돼요?"

"응, 안 돼, 절대로. 그건 너희가 퀘스트를 해결할 때 써야지, 이렇게 잠깐 놀자고 쓸 게 아니란 말이야! 지금 그랬다가는 이따가 NPC를 만나서 당황할 테니, 조심하라고!"

제경의 설명에 아이들이 고개를 끄덕였다. 지호가 어쩔 수 없다는 듯 짜증 섞인 표정으로 자루를 다시 고쳐 맸다. 어쨌거나 지호는 나중에 필요하다는데 지금 써버릴 바보가 아니었다.

제경은 씩 웃더니 길 중간에 가볍게 손가락을 튕겼다. 잠시 뒤, 그 자리엔 시원해 보이는 대나무 돗자리가 놓였고, 유리와 지호는 누가 먼저랄 것도 없이 그 위에 올라앉았다. 루나는 돌아다니고 싶은 듯했지만, 제경은 그런 루나를 품에 안은 채 놓아주지 않았다.

"우선 공급도 수요의 경우와 마찬가지로 공급 그 자체가 변할 때가 있고, 공급량이 변할 때가 있다는 걸 알아야 해."

"뭐, 그야 뻔하겠죠. 공급량이 변하는 건 그 물건의 가격이 변할 때, 공급이 변하는 건 그 물건의 가격 외에 다른 조건이 변할 때. 맞죠?"

지호가 여유 있는 목소리로 묻자 제경이 고개를 끄덕였다. 확실히 눈치가 빠른 아이들이었다. 대답은 지호가 했지만, 유리 역시도 정확히 그 답을 추측하고 있었다.

"우선 공급량의 변화부터 생각해볼까? 가격이 변하면 공급량도 따라 변하는데, 도대체 어떻게 변할까?"

"가격이 올라가면 공급량이 늘어나지 않을까요?"

"왜 그렇게 생각하지?"

유리의 대답에 제경이 상냥한 목소리로 되물었다. 그러자 유리가 자신의 의견을 설명하기 시작했다.

"아무래도 높은 가격일 때 많이 팔면 돈을 더 많이 벌 수 있으니까요."

"그래. 훨씬 이득이 높아지기 때문에 사람들은 가격이 올라가면 공급량을 늘려. 그래프로 그리면 대략 이런 식이 되는 거지."

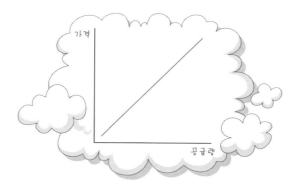

제경이 하늘에 대고 손가락을 튕기자, 허공에 연기가 뭉게뭉게 피어오르더니 그래프와 비슷한 모양이 만들어졌다.

"여기까지는 이해 완료?"

"네!"

"좋았어. 그럼 이제 공급 자체의 변화에 대해 이야기를 해보자. 거기까지만 하면 NPC를 만나러 떠날 테니까. 알았지?"

제경의 물음에 유리가 활짝 웃으며 고개를 끄덕였다. 반면 지호는 조금은 건방져 보이는 표정으로 제경을 바라볼 뿐이었다.

"물건의 가격을 제외하고 공급량에 영향을 줄 수 있는 게 뭐가 있을까?"

"음, 물건 만드는 데 드는 비용이요!"

"그래, 바로 맞혔어."

제경의 칭찬에 유리가 기분 좋게 웃었다. 지호는 그런 유리를 보며 저도 모르게 씩 웃고 있었다.

"물건을 만드는 데 드는 비용을 원가라고 하는데, 원가가 높아지면 어떻게 할까, 사람들은?"

"아마도 공급을 줄이지 않을까요?"

"그래, 원가가 높아지면 똑같은 돈을 갖고 만들 수 있는 양이 적어지지. 그러니 공급량도 줄어들 수밖에. 마치 이런 식으로."

제경이 다시 한 번 허공에 손가락을 튕겼다. 첫 번째 그래프는

다시 연기로 흩어지고, 그 연기가 모여 또 다른 그래프를 만들어
냈다.

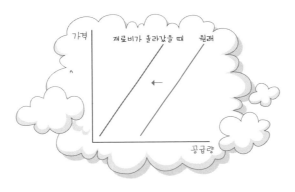

"그럼 반대로 기술이 개발되면 어떨까?"

"어떤 기술이요?"

"조금 더 싸게 만들 수 있는 새로운 기계의 개발이라든지, 뭐
그런 거."

"그렇다면 공급이 늘어나겠네요! 저 그래프는 오른쪽으로 이
동할 거예요!"

유리가 자신 있게 대답했다. 제경이 고개를 끄덕이더니 손가락
을 다시 한 번 튕겼다. 아까와 마찬가지로 연기가 흩어진 뒤 다시
모였을 땐 또 다른 그래프가 나타나 있었다.

"또 다른 공급의 변화 요인으로는 미래 가격에 대한 기대도
있어."

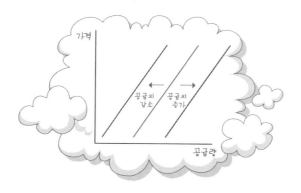

"미래 가격에 대한 기대요?"

"응. 앞으로 가격이 오를 거라고 생각한다면 지금의 공급은 어떻게 될까?"

"음……."

쉽지 않은 질문인지 유리는 고민에 빠졌다. 반면 지호는 한결같이 여유 있는 미소를 짓고 있었다. 이미 답을 찾았다는 뜻이었다. 제경의 눈이 지호를 향했다. 건방진 너, 대답 한번 해보라는 듯.

"당연히 현재 공급은 줄죠. 그거 남겨서 미래에 팔면 이득이 더 커지니까요."

지호의 대답에 만족한 제경이 활짝 웃었다. 지호는 그런 제경에게 그저 피식 웃어 보일 뿐이었다.

"저 사람이에요?"

"그래, 너희가 만나야 할 NPC. 이번 스테이지를 마무리 짓기 위해 너희가 처치해야 할 NPC야. 첫 스테이지의 마지막 퀘스트지."

"한번 해보죠. 그런데 뭘 어쩌라는 거죠?"

퀘스트라는 말에 다시 눈이 반짝이기 시작한 지호가 승부욕 가득한 목소리로 제경에게 물었다. 제경이 씩 웃더니 손가락으로 지호를 가리켰다.

"뭐야, 나를 처치한다고요?"

"아니, 네 등에 있는 것. 아, 그런데 너, 진짜 너무 건방져."

"어쩔 수 없어요, 성격이니까. 그런데 이거요?"

지호가 아까부터 메고 있던 자루를 내려놓았다. 아직 열지는 않았지만, 안에는 분명 음식이 가득 담겨 있었다. 그런데 이것으로 무얼 한단 말일까? 지호와 유리가 의아한 표정으로 고개를 갸우뚱하며 제경을 바라보자 제경이 씽긋 웃었다.

"저 사람은 부당한 방법으로 돈을 모으고 있어."

"네?"

"방금 전에 지금 이 시장 근처의 식품을 저 사람이 모조리 사들였지."

"식, 식품을 싹쓸이했다고요?"

"그래, 말 그대로 싹쓸이. 아까 너희가 먹던 찐빵도, 그리고 놀부네 국밥도 아마 지금은 다 저 사람 손에 있을 거야.”

“그, 그럴 리가⋯⋯.”

“사람들은 정가보다 비싸게 쳐준다는 꾐에 넘어가서 식품을 팔아버린 거지. 하지만 막상 다 팔고 나니까 문제가 된 거야. 식품은 없으면 살 수 없는 물건이잖아? 이제 되레 사람들은 말도 안 되는 비싼 값으로 식품을 사려 하고 있지. 심지어 저 사람이 쳐준 가격보다도 훨씬 더 많은 돈을 주고서라도 말이야. 하지만 저 사람은 기다리면 가격이 더 오를 것을 알기 때문에 팔지 않고 있어. 가격이 오르면 오를수록 공급을 줄이고 있지.”

“하, 하지만 공급 법칙하고 전혀 안 맞잖아요, 그건!”

“수요 법칙과 맞지 않는 사람을 너흰 어떻게 했지?”

제경의 말에 유리와 지호는 심술궂게 생긴 놀부를 떠올렸다. 수요 법칙에도 예외가 있었다. 공급 법칙이라고 없을 리가 없었다. 가격이 더 오르리라 예상하고 법칙과 반대로 행동하는 그것은 마치 수요 법칙의 ‘사재기’와 똑같은 현상이었다.

“그러니 저 사람을 혼쭐내고 오렴. 그게 이번 스테이지 마지막 퀘스트야.”

제경이 저쪽으로 가보라며 아이들에게 손짓을 하자, 유리는 조금 걱정된다는 눈빛으로 지호를 바라보았다. 지호는 용기 있게 먼저 발걸음을 뗐다. 지호의 손에는 음식 자루가 들려 있었다. 겁도 안 나는지 지호는 빠른 걸음으로 그 사람 곁으로 다가갔다.

"정지호! 같이 가!"

유리는 결국 용기를 내서 지호를 뒤쫓아 갔다. 그 전에 유리는 제경에게 뭐라고 속삭였다. 그 한마디에 제경은 씩 웃더니 이내 손가락을 튕겨 무언가를 만들어냈고, 그 물건은 유리에게 고스란히 전해졌다.

"흥. 너흰 누구냐?"

"우리도 똑같이 장사하려는 사람인데요. 여긴 누구나 자유롭게 장사할 수 있는 시장이니까요."

심술궂게 그들을 째려보는 사내의 말을 지호가 여유 있게 되받아쳤다. 그러더니 쪼그리고 앉고 싶지는 않은지 이리저리 두리번거렸다.

"자, 여기 앉아."

큼직하지만 넓적한 돌멩이가 느닷없이 나타났다. 당황한 지호가 고개를 들자, 무겁지도 않은지 바로 눈앞에서 돌멩이를 흔들며 씩 웃고 있는 유리의 모습이 보였다. 유리의 손에는 똑같은 모양의 돌멩이가 한 개 더 들려 있었다.

"오빠한테 가볍게 해달라고 했어. 하나도 안 무거워. 그렇지만 두 개나 들고 있긴 싫어서 말이야."

지호가 피식 웃었다. 감정 표현에 서툰 지호는 '고맙다'는 말한마디 제대로 못했지만, 유리는 좀처럼 보기 힘든 지호의 미소를 본 것만으로도 기뻤다. 잠시 뒤 지호는 유리에게서 시선을 돌려 재빨리 음식 자루를 펼쳤다. 지금은 게임이 먼저라는 듯 눈을 반짝이는 지호였다.

"아, 아니, 어, 어떻게 너희가 음식을?!"

"제발 아저씨는 아저씨 장사나 하세요. 저흰 저희대로 장사를할 테니까요."

지호가 여유 있는 미소를 띠며 사내에게 대꾸하자, 사내는 별다른 말도 하지 못한 채 씩씩대며 자신의 장사에 집중했다. 하지만 유리와 지호는 알고 있었다, 승부는 금세 갈릴 것이란 사실을. 자루에서 음식을 꺼내면서 깨달은 점이 있었기 때문이다.

"완전 무한 모드야."

"응. 이대로라면 저 아저씨를 충분히 누를 수 있어. 내 생각에우리가 이길 때까지는 음식들이 나와줄 것 같거든."

꺼내고 또 꺼내도 자루의 음식은 바닥나지 않았다.

"자, 모든 음식은 정가에 팝니다! 싸지도, 비싸지도 않게!"

"어처구니없는 가격 따위 저리 가라고 하세요! 자, 다 저희에게오세요!"

아이들이 심술궂은 사내를 이기는 데는 그리 오랜 시간이 걸리

지 않았다. 가격이 오를수록 공급을 줄이고 더 오르기만을 기다리던 욕심 많은 사내에게 질려버린 사람들은 어느새 지호와 유리에게 몰려들어 그들의 음식을 사 갔기 때문이다.

가격이 더 오르리라 예상하고 엄청 쌓아뒀던 사내는 음식 값이 정가로 떨어지자 큰 손해를 보게 되었다. 특히 음식을 사 모을 때 대부분 정가보다 비싼 가격을 치렀기 때문에 손해액은 상상을 초월했다. 결국 폭발한 사내가 자신의 가게를 뒤집어엎었다.

유리는 그 모습을 멀찍이 떨어져서 가만히 지켜보았다. 반면 지호는 재미있다는 듯 웃음 가득한 얼굴로 꿋꿋하게 사람들에게 음식을 팔 뿐이었다. 그리고 잠시 뒤…….

"무, 무슨 일이 일어난 거지?"

"마치 폭발이라도 일어난 듯한 소리였어!"

갑자기 사내의 가게에서 들려온 굉음에 당황한 유리가 눈을 동그랗게 뜨고 지호를 바라보았다. 그제야 자리에서 일어난 지호는 겁도 안 나는지 당당한 발걸음으로 사내의 가게를 들여다보았다. 한순간에 알 수 있었다, 무슨 일이 일어났는지 정도는. 물론 상식적으로 이해할 만한 일은 아니었지만, 이코노게임 자체가 그러려니 하고 넘어가는 지호였다.

"무슨 일이야?"

조심스럽게 다가온 유리가 지호의 옷자락을 잡고 물었다. 유리의 목소리는 가늘게 떨리고 있었다.

"아, 보지 않는 편이 좋을 것 같은데?"

좀처럼 감정을 드러내지 않는 지호도 조금은 당황한 듯했다. 지호의 등 뒤로 다가온 유리는 지호의 그런 반응에 차마 안쪽을 들여다볼 자신이 없는지 머뭇거렸다. 지호는 한숨을 푹 내쉬더니 크게 소리쳤다.

"가까이 좀 와봐요, 제경 형!"

"응? 왜?"

멀찍이 서서 유리와 지호를 지켜보던 제경의 얼굴은 다양한 감정이 뒤섞인 표정이었다. 부를 줄 알고 있었으면서도 왜냐고 물을 만큼. 제경은 루나를 데리고 내키지 않는 발걸음을 떼 아이들에게 다가갔다. 그러자 지호가 날카로운 눈빛으로 물었다.

"이런 일, 앞으로도 또 일어날까요?"

"뭐?"

"지금 이 안에서 벌어진 일, 형이 모른다고 하진 않겠죠?"

제경이 어깨를 으쓱해 보였다. 당연히 모르지 않았다. 아이들이 충격을 받으리라는 것도 이미 알고 있었다. 하지만 어쩔 수 없는 게임의 규칙이었다.

"이번 한 번으로 끝난다면 안 보여주고, 앞으로도 계속 일어난다면 보여주려는 거니까 사실대로 말해봐요, 형."

"앞으로도 매 스테이지마다 일어날 거야."

"그리고요?"

"응?"

"숨기는 거 또 있잖아요."

눈치만 빠른 것 같으니라고. 제경이 혀를 내두르며 장난 반 불만 반 섞인 목소리로 혼자 중얼거렸다. 그러더니 고개를 끄덕이며 입을 뗐다.

"진다면 너희도……."

"우리도 이렇게 될 거라고요?"

"뭐, 그렇지?"

"승부욕 제대로 자극해주시네. 알았어요. 그렇다면 뭐. 자, 너도 봐."

지호가 할 수 없다는 듯 고개를 설레설레 저으며 살짝 몸을 옆으로 뺐다. 그러자 유리의 눈에 적나라하게 그 광경이 들어왔다.

"저기… 아, 아무것도 없잖아."

"자세히 봐. 정말 아무것도 없어?"

"웬 먼지 더미만 잔뜩… 그 아저씨는 어디 가고? 설, 설마……."

그제야 눈치를 챘는지 유리의 표정이 경악으로 물들었다. 지호가 한숨을 쉬며 제경을 바라보았다. 설명 바통은 넘기겠다는 듯한 녀석의 표정에 제경은 꽤 난감해 했다. 하지만 곧 자신 말고는 없다는 걸 깨달았는지 내키지 않는 입을 뗐다.

"너희가 놀랄 거라고 생각했지만, 이게 이코노게임 규칙이야. 앞서 만난 놀부를 제외하고 앞으로 너희가 만나는 경쟁자 NPC들은 하나같이 이렇게 변할 거야. 물론 너희가 이길 경우."

"우리가 진다면요?"

"아, 그러니까 그게……."

제경이 심각한 표정으로 어쩔 줄 몰라 하는 모습을 보이자, 유리의 얼굴은 창백해졌다. 결국 지호가 끼어들었다.

"그딴 생각은 왜 하냐, 이유리. 우린 안 져. 걱정 마. 난 게임해서 져본 적 없어."

지호의 목소리는 단호했다. 절대 지지 않겠노라 다짐하는 것처럼. 그 말에 유리는 조금이나마 안심이 되었다. 제경과 지호가 있는 한, 그리고 자신이 힘을 합치는 한, 루나까지 그들을 돕는 한 절대 지는 일은 없을 거라고 굳게 믿었다.

"아까 그게 공급 법칙의 예외였던 거죠?"

"응, 그렇지. 매석이라고 불러. 사다가 쌓아놓는다는 뜻이야. 하지만 용어보다는 그 뜻을 명확히 파악해두는 게 좋아. 그 뜻은 직접 봤으니까 뚜렷하게 알겠지?"

"네."

다짐도 했고 믿음도 있었지만, 유리의 창백함은 쉽게 풀리지 않았다. 들려오는 대답이 조금은 맥이 빠졌다는 걸 알아차린 제경은 어찌해야 좋을까 싶어 고개를 갸우뚱하더니 이내 씩 웃었다.

"힘내라. 이럴 땐 질문해야 하는 거 아니야, 예쁜 아가씨? 아가씨가 축 처져 있으니까 내 기분이 별로인걸. 질문해봐, 빨리. 센스 있게!"

"뭘요?"

"이를테면 또 다른 예외로는 뭐가 있나 같은 거."

"아……."

"으이구, 아가씨, 제발 힘 좀 내. 알았지? 그런 의미에서 한 가지 더 말해줄 테니까. 그리고 걱정하지 마. 아가씨가 그렇게 되도록 그냥 내버려두진 않을 거야. 저 얄미운 정지호라면 모를까."

제경의 너스레에 유리는 그나마 미소를 지어 보였다. 반면 지호의 얼굴은 완전히 찌푸려져 있었다. 제경이 재미있다는 듯 웃으며 다시 입을 뗐다.

"미술품 등이 있어."

"미술품이요?"

"응. 레오나르드 다빈치의 〈모나리자〉 같은 작품은 세상에 단 하나뿐이지? 그러니 아무리 값이 올라도 공급을 늘릴 수 없어! 안 그래?"

"그러네요!"

"그래서 공급 법칙의 예외야. 값이 올라도 절대 변하지 않으니까."

눈썹 없는 미녀로 유명한 〈모나리자〉 그림을 머릿속으로 상상하던 유리는 이내 씩 웃었다. 기운 내겠다는 듯. 지호 역시 살짝이나마 미소 짓고 있었다. 물론 본인은 눈치 채지 못했으며, 그마저도 아주 잠시였을 뿐 금세 사라져버리긴 했지만.

"자, 그럼 기분 전환도 할 겸 이동이나 해볼까나?"

"네?"

"첫 스테이지를 무사히 마친 기념으로 잠시 쉬어가는 스테이지에서 휴식이나 취하자는 거지."

"쉬, 쉬어가는 스테이지요?"

잠시 쉬어가자는 제경의 한마디에 유리와 지호의 표정이 환하게 밝아졌다. 여기저기 돌아다니랴, 경제에 대해 공부하랴, 퀘스트 해결하랴 두 사람은 생각보다 많이 지쳐 있었다. 게다가 배도 고팠다. 제경이 그 마음을 다 안다는 듯 씽긋 웃었다.

"자, 쉬어가는 스테이지를 즐기기 위해 가보자고. 루나, 안내해봐!"

제경은 팔에 가만히 안겨 있던 루나를 땅바닥에 내려놓았다. 그러자 루나가 천천히 움직이기 시작했고, 제경도 그런 루나의 뒤를 따랐다. 유리와 지호는 고개를 갸우뚱했지만, 제경이라면 무슨 생각이 있겠지 하는 마음으로 루나와 제경을 따라 걸었다.

어쨌거나 그렇게 첫 번째 스테이지는 무사히 끝나 있었다.

원가란?

물건을 만들 때 들어가는 비용을 원가라 하는데, 여기에는 단순히 물건을 만드는 데 필요한 재료비만 해당되는 것이 아니다. 그 재료로 물건을 만드는 사람에 대한 인건비, 물건을 만드는 데 쓰이는 전기 및 수도 요금과 운송비 등의 모든 경비가 포함된다.

예를 들어 빵을 만들어 파는 제과점을 생각해보자. 빵에는 밀가루와 설탕을 비롯해 기타 재료들이 들어간다. 이것들을 모두 합친 비용을 재료비라고 한다. 그리고 빵을 만드는 제빵사에게 주는 월급이 필요한데, 인건비라고 한다. 거기에 오븐을 사는 비용, 오븐을 사용하는 가스 요금, 가게를 얻는 비용들도 있다. 이 모든 비용을 합쳐 경비라고 한다.

공급만 따져볼 때 한 달에 벌어들이는 돈이 100만 원이고 빵의 원가가 1만 원이라고 가정하면, 이 제과점은 매월 빵 100개를 만들 수 있다. 그런데 빵의 원가가 두 배인 2만 원으로 오를 경우, 만들 수 있는 양은 50개로 줄어든다. 원가 때문에 공급량이 변동하는 이유가 여기에 있다.

한편 새로운 기술이 개발되는 경우, 원가가 낮아지는 것은 같은 비용으로 더 많은 빵을 만들 수 있기 때문이다.

5

경제 활동을 느끼다

"어! 여기 사극에서 보던 데랑 똑같이 생겼어요. 술 파는 주막 아니에요?"

"국밥도 팔걸?"

첫 스테이지가 끝나 어느덧 긴장이 풀린 탓인지 유리는 제경과 떠드느라 정신이 없었다. 그러나 지호는 입을 꾹 다물고 있었다. 마치 다가올 두 번째 스테이지를 벌써부터 준비하듯 아까고 변함없는 표정이었다. 게임을 할 때는 누구보다 빠른 머리 회전과 적극적인 행동을 보이면서도 그 외의 일에는 전혀 관심 없다는 듯 무표정으로 일관하는 지호의 모습이 유리는 괜히 안타까웠다. 제경이 다시 입을 뗐다.

"너희가 많이 고생한 것 같아서 잠시 쉬어가자는 의미지. 루나도 지친 것 같고 말이야."

그 순간 유리의 눈길이 루나에게 돌아갔다.

"저기요. 루, 루나 이리 줘봐요, 오빠!"

"응?"

"줘봐요, 빨리!"

유리가 재촉하자 제경이 어깨를 으쓱해 보였다. 그러자 그의 품에 안겨 있던 루나가 폴짝 뛰어내려 유리에게 다가왔다.

"말, 말도 안 돼요."

"뭐가?"

"루나, 커졌어요."

"그게 왜 말이 안 돼?"

"몇 시간이나 됐다고 애가 이렇게 쑥 크냐고요?!"

"그런가? 그냥 자연스럽게 받아들여. 이야기했잖아, 여긴 이코노게임의 세상이라니까. 예쁜 아가씨는 머리가 너무 굳어버렸어. 창의성이 생명이야, 여기선."

"하, 하지만……."

품에 안았던 루나를 조심스레 다시 내려놓는 유리의 표정이 완전히 얼어 있었다. 첫 스테이지 전과 지금의, 아니 이코노게임 시작 전과 첫 스테이지를 마친 지금의 루나는 눈에 띄게 커져 있었다. 연약해 보일 만큼 앙증맞던 강아지가 어느덧 그리 크지도, 그렇다고 그리 작지도 않은 몸집으로 자라 있었던 것이다.

"이보다 더 신기하고 놀라운 일도 많이 봤잖아, 이유리. 그만하고 들어가자."

지호 역시 살짝 놀라긴 했지만, 결국 태연하게 유리를 달랬다. 하긴 손가락 한 번 튕기는 걸로 순간 이동도 하는데, 강아지가 조금 큰 게 무슨 대수인가 싶었다. 아무튼 유리와 지호에겐 여전히 적응할 수 없는 이코노게임, 그리고 인제경이었다.

"여기 국밥 세 그릇 주세요."

"술은 안 하시나?"

"전부 애들뿐이라서요."

"쪼매만 기둘리소. 내 금방 말아올 터이니."

뭔가 푸근한 사투리에 아이들은 저절로 마음이 가라앉는 걸 느꼈다. 하긴 짧은 시간에 여러 퀘스트들을 처리해야 했으니 지칠 만도 했다. 물론 그럴 줄 알고 제경이 쉬어가자고 한 것이었지만.

"너희, 경제 활동이 뭔 줄은 알아?"

"경제 활동이요?"

"그래. 우리가 지금 계속 다루고 있는 경제, 바로 그 경제의 활동 말이야."

"글쎄요."

"경제 활동은 인간의 의식주, 그러니까 인간 생활에 없어서는 안 될 옷, 밥, 집 그 세 가지와 관계가 있지."

제경이 시원한 물을 한 사발 꿀꺽꿀꺽 들이켜더니 다시 말을 이어나갔다.

"경제 활동은 총 세 녀석들로 구성되어 있어."

"어떤 세 녀석들인데요?"

제경이 손가락을 튕겼다. 그러자 사발에 담겨 있던 물이 허공으로 향해 여섯 글자의 글씨를 이루었다. 각각 두 글자씩 총 세 단어, 즉 생산, 분배, 소비라는 익숙한 듯 낯선 말이었다.

"이게 바로 경제 활동의 세 녀석이야."

"… 아, 들어본 거 같아요!"

"음. '생산'은 말 그대로 만들어내는 거야. 무언가를 만들어내거나, 그걸 더 늘려주는 활동이지. 뿐만 아니라 그것과 관계되는 모든 활동이 바로 생산이야. 되게 넓은 개념이지."

"… 조금 이해가 안 돼요."

유리가 울상을 지으며 투덜대자, 제경이 웃으며 다시 한 번 설명해주었다.

"왜 그리 울상이야? 간단한 문제야, 무척. 그러니까 생산은 만드는 거야. 그건 알겠지? 공장에서 뚝딱뚝딱 만들어내는 바로 그거, 오케이?"

"네. 그리고요?"

"거기에 덧붙여서 그렇게 만들어진 것을 나르고 보관하고 판매하는 것도 전부 다 생산이야. 이제 이해가 되니? 그러니까… 음……."

그 순간 후덕하게 생긴 주막 아주머니가 국밥 세 그릇을 들고 그들이 앉아 있는 곳으로 다가왔다. 척 보기에도 맛있게 생긴 국밥에 유리와 지호의 얼굴이 환하게 밝아졌다. 제경 역시 미소 짓고 있었다.

"어서 많이들 먹어."

"잘 먹겠습니다!"

누가 먼저랄 것도 없이 두 사람은 제각기 수저를 들고 정신없이 국밥을 떠먹었다. 퀘스트들을 해결하고 여기저기 돌아다니느라 많이 지친데다 먹은 거라곤 고작 만두 몇 개뿐이라 배도 고팠다. 그런 아이들의 사정을 누구보다 잘 아는 제경도 아무 말 않고 자신의 국밥을 먹었다. 그렇게 모두가 반쯤 먹었을 때였다.

"아, 그리고 보니 아까 그 생산……."

"이제 기억났구나?"

"죄송해요. 정말 배가 고파서요."

부끄러웠는지 유리의 얼굴이 새빨개졌다. 제경이 크게 웃었다.

"사실 나도 배가 고팠으니, 그 문제는 패스. 그리고 예쁜 아가씨, 난 네가 웃는 게 좋아. 그러니 좀 웃어봐. 그래, 뭐, 아무튼 생산. 음… 쉽게 그냥 만들어내는 활동이라고 부를까? 너희도 짐작했겠지만 주막 아주머니가 하고 계신 일도 바로 생산, 즉 만들어내는 활동이야."

"대형 마트에 물건을 날라다주는 트럭 아저씨들도 만들어내는 활동을 하는 거고요?"

"그래, 그렇지! 생산이란 그런 거야. 배가 좀 차니까 이해가 되는 모양이구나?"

제경이 씽긋 웃었다. 그러자 유리도 배시시 웃었다. 지호만 그저 무표정으로 제경을 바라볼 뿐이었다. 역시 흥미진진한 퀘스트가 아니면 지호의 관심을 사기란 불가능한 모양이었다.

"그럼 분배는 뭔데요?"

"뭐, 먹으면서 하자고."

"얘기해주세요."

"언제부터 경제에 관심이 많았다고, 네가. 수업 시간에 잠만 자면서."

잠자코 있던 지호가 유리에게 핀잔을 주었다. 지호의 말에 유리는 귀까지 빨개진 채로 고개를 푹 숙였다. 하지만 그래도 궁금한 것은 어쩔 수 없었다. 그리고… 문득 생각해보니 자신이 경제에 관심이 없다는 사실을 지호가 아는 것은 신기한 일이었다. 자신에게 아무런 관심도 없는 줄 알았는데, 수업 시간에도 보고 있었구나 싶어 유리는 괜히 기분이 좋아졌다.

"너희들의 이해를 위해 '분배'는 쉽게 예를 들어서 설명할게. 공장에서 물건이 만들어지도록 열심히 일한 사람들은 월급을 받지? 바로 월급을 주고받는 그 과정이 분배야. 쉽게 나눠주는 활동이라고 부를 수 있지."

어느새 물로 된 글자들 중 네 글자는 사라져 있었다. 이제 남은 것은 아직까지 이야기되지 않은 '소비'라는 단어뿐이었다. 국밥 국물까지 몽땅 들이마시며 그릇을 비운 제경이 씽긋 웃으며 돈을 꺼내 들었다.

"마지막 남은 저 소비 녀석은 사는 건가요? 지금 국밥을 사는 거잖아요, 오빠가."

역시 국밥을 다 먹은 유리가 제경에게 물었다.

"음, 산다기보다는 쓴다는 표현이 맞을걸? 돈을 쓰는 거니까."

"그게 그거 아니에요?"

"비슷하긴 하지만 확실한 게 좋잖아. 소비는 쓰는 활동이라고 할 수 있어. 뭐, 소비에 대해서는 예를 들어줄 필요가 없겠지? 너희가 가장 쉽게 접할 수 있는 경제 활동이니까. 안 그래? 학교 앞에서 군것질 같은 거 하면서 많이 쓰니까 말이야!"

국밥으로 든든하게 배를 채운 세 사람은 풀밭에 둘러앉아 있었다. 주막 뒤편에 있는 야트막한 동산이었다. 루나는 자연을 만끽하며 여기저기 뛰어다녔고, 유리와 지호는 제경의 이야기에 귀를 기울이고 있었다.

"퀴즈나 하나 내볼까?"

제경은 일부러 지호를 바라보았다. 게임이라면 확실히 달라지는 지호답게 금세 눈빛이 바뀌었다.

"식당 주인이 식당에서 쓰기 위해 에어컨을 사는 건 무슨 경제 활동일까?"

"음… 소비가 아닐까요? 돈을 쓰니까 '쓰는 활동'일 것 같은데……."

유리가 머뭇거리면서 대답했다. 그러자 제경이 고개를 설레설레 저었다. 유리가 틀려서 부끄러운지 얼굴을 살짝 붉혔다.

"부끄러워할 필요 없어. 처음이니까 틀리는 게 당연해. 그럼 정지호, 너?"

제경과 눈이 마주치자 지호가 피식 웃었다. 애초에 자신의 대답을 기다리며 낸 퀴즈란 걸 이미 알고 있었다. 지호는 여유 있는 목소리로 답을 말했다.

"생산이요. 식당을 하는 데 필요해서 샀으니까 뭐, 넓은 개념에서 생산이겠죠."

"그렇지! '만들어내는 활동'이란 개념 안에 들어갈 수 있는 건 정말 무궁무진해. 그걸 설명하기 위해 낸 퀴즈였어."

제경이 지호를 바라보며 미소 지었다. 물론 지호는 더 낼 테면 내보라는 식으로 제경을 바라볼 뿐이었지만.

"구입이란 말이 들어간다고 해서 무조건 '쓰는 활동'이라고 생각하면 안 된다는 것도 또 하나의 교훈이지. 뭐, 그럼 이건 쉽겠지? 식당 주인이 집에서 쓰기 위해 에어컨을 구입했다면, 그건 뭘까?"

"그거야 당근 소비지요!"

"뭐, 이제 대략 구분할 수 있겠지?"

제경의 말에 두 사람 모두 고개를 끄덕였다. 그 순간 또 다른 호기심이 든 유리가 조심스레 제경에게 물었다.

"그런데요……."

"응?"

"그 세 녀석이 무슨 관련이 있어요?"

"아, 그 세 녀석? 무척 중요한 관련이 있지."

"네?"

"서로 손에 손을 잡고 있는 녀석들이거든."

"손에 손을 잡아요?"

"응. 그만큼 친한데다가 서로에게 많은 영향을 주는 사이야."

제경이 웃으면서 다시 손가락을 튕겼다. 주막에서 나왔다가 사라졌던 물방울 글씨가 어느새 다시 그들 앞에 둥둥 떠 있었다. 이젠 어떤 일이 일어나도 그리 신기할 것 같지 않다 싶은 두 사람은 그저 태연하게 글씨들을 바라보았다.

"오, 이제 안 놀라네?"

"뭘요, 오빠 말대로 여긴 이코노게임의 세상인걸요."

"하긴, 그건 그래. 적응이 많이 됐구나? 내친김에 여기서 살래, 나랑 같이?"

"네?"

"대답은 조금 이따가 듣지. 나 나름 고백한 거야. 너 마음에 들었거든."

"이보세요, 인제경 씨, 그냥 설명이나 계속하시지?"

갑작스런 제경의 말에 당황한 유리의 얼굴이 새빨갛게 물들기가 무섭게 지호가 미간을 확 찌푸리며 퉁명스럽게 쏘아붙였다. 그러자 제경이 입을 삐죽이더니 계속 말을 이어나갔다.

"음. '생산'을 통해 물건이 만들어지지? 생산을 위해 애쓴 사람에겐 월급이 '분배'돼. 분배받은 사람들은 그 돈으로 '소비'를 하는데, 소비하는 물건은 생산을 통해 만들어진 물건이고. 그렇게 번 돈은 또다시 생산으로 이어지지. 이렇게 생산과 분배와 소비는 서로 굉장히 중요하게 연결되어 있는 사이란다. 마치 너

희처럼."

제경이 마지막 한마디를 던지고는 조금 의미심장하게 웃었다. 그 순간 지호와 유리의 두 눈이 마주쳤다. 물론 마주치기가 무섭게 당황한 서로는 누가 먼저랄 것도 없이 고개를 획 돌려버렸지만. 제경은 아무도 모르게 빙그레 웃고 있었다. 확실히 '중요하게 연결된' 사이였다, 그들은. 하지만 한번 끼어들고 싶은 건 어쩔 수 없는 본능이었다.

"자, 그럼 또 걸어볼까?"

"또요?"

"두말하면 입 아프지. 언제까지 휴식 스테이지에 머무를 순 없잖아? 두 번째 스테이지가 너희를 반겨줄 텐데 말이야."

'두 번째 스테이지'란 말에 두 사람의 표정이 환하게 밝아졌다. 분명 여기저기 낯선 곳들을 돌아다니느라 피곤하긴 했지만, 두 번째 스테이지에 대한 기대감은 그 피로를 날려주기에 충분했다.

"두 번째 스테이지는 또 어떤 곳이에요?"

"뭐, 이젠 어떤 장소가 나와도 놀라진 않겠지만요."

유리의 호기심 섞인 물음 뒤에 지호가 삐딱하게 덧붙였다. 제경이 씩 웃으며 손가락을 허공에 올렸다. 제경의 팔에서 뛰어내린 루나가 가볍게 가르랑거렸다.

"아마 전혀 안 놀랄걸?"

"네?"

"가보면 알아."

제경이 손가락을 튕겼다. 첫 번째 스테이지로 갈 때와 마찬가지로 그들 앞에 나무로 된 문이 나타났다.

"자, 두 번째 스테이지로 가볼까?"

제경이 문을 활짝 열어젖혔다. 유리와 지호는 침을 꿀꺽 삼키더니 환한 빛이 새어나오는 그 문 안으로 천천히 발걸음을 옮겼다.

부가가치란?

생산, 분배, 소비는 서로 연관성을 갖고 있어 구분하기가 쉽지 않다. 특히 생산 활동인지 소비 활동인지 혼동되는 경우가 많다. 같은 행위를 생산과 소비로 구분하기 위해서는 부가가치가 있느냐 없느냐를 따져보는 방법이 있다. 부가가치란 쉽게 말해서 덧붙여진 가치라고 할 수 있다. 즉 가치가 커져 물건이 더 비싸지는 것이다.

식당 주인이 식당에서 쓰기 위해 에어컨을 구입한 경우, 식당 주인은 그 에어컨을 사는 데 든 비용과 전기 요금을 음식 가격에 덧붙여 포함시켜 이익을 남기게 된다. 식당에서 음식을 먹을 때 5,000원을 냈다고 가정하면 거기에는 쌀값, 채소값, 고기값, 가게 임대료, 수도 요금은 물론이고 식탁, 의자, 에어컨, 수저 가격까지 다 포함되어 있다. 뿐만 아니라 그 5,000원에는 식당의 이윤까지 들어 있다. 이처럼 식당에서 에어컨을 구입하는 것은 식당의 이윤을 만들어내기 때문에 생산 활동이라고 할 수 있다. 여기서 식당의 이윤을 부가가치라고 한다.

한 단계 더 나아가 우리가 식사를 해결하기 위해 식당에서 밥을 먹는 것은 소비 활동이다. 그러나 회사가 직원들에게 일을 시키기 위해 식당에서 밥을 사준다면, 그것은 생산 활동이다.

6

균형과 시장가격

"자, '스테이지 2 — 현대 서울'이다. 무사히 두 번째 스테이지에 들어선 것을 환영해."

"현대 서울이요?"

"응. 낯익지?"

제경의 말대로 확실히 낯익은 공간이었다. 서울은 워낙 넓은 도시인지라 서울에 산다고 해도 전부 다 알 수는 없었지만, 그래도 친근함 같은 게 분명 있었다. 유리와 지호는 생판 처음 보는 낯선 조선 시대의 시장보다는 여러모로 나을 거라고 생각했다.

"가볍게 몇 가지 이야기를 나누며 걸어볼까?"

"또 설명만 늘어놓을 거라면 관둬요."

"짧게 할게, 좀 봐주라. 워밍업이 철저해야 확실히 마지막 스테이지까지 클리어할 수 있다고!"

지호의 삐딱한 반응에 제경이 살짝 약한 모습을 보이며 말했다. 하지만 마지막만큼은 단호하게 끊는 제경이었다. 두 사람이 전부 다 클리어할 수 있기를 진심으로 바란다는 듯. 지호의 눈과 제경의 눈이 마주쳤다. 지호는 믿을 수 없다는 듯 고개를 설레설레 저었지만, 제경의 표정은 여전히 단호했다. 결국 지호가 피식 웃으며 고개를 끄덕일 수밖에 없었다.

"물건을 사는 사람은 가격이 내려갈수록 많이 사려 하고, 물건을 파는 사람은 가격이 내려갈수록 조금 팔려고 하지? 그래프 모양을 아직 기억하는지 모르겠지만, 둘은 완전히 반대야. 그럼 도대체 어떤 가격에서 거래가 성립될까?"

"네?"

한 번도 생각해보지 않은 문제를 제경이 묻자 두 사람은 순간 당황했다. 그때 지호의 머릿속에 문득 학교에서 배운 내용이 떠올랐다. 자세한 이론은 안 배웠지만, 그래프와 거래 성립이라면 뻔했다. 문제 풀 때 항상 그려야 했던 그 지겨운 두 개의 그래프.

"두 그래프가 만나는 점, 바로 그 가격에서겠죠."

"역시 배운 게 있다, 이거구나?"

제경이 살짝 돌려서 지호의 대답에 긍정을 표했다. 그런 반응이 마음에 들지 않았는지 지호는 괜히 인상을 썼다.

"인상 펴, 짜식. 맞았다는 소리니까. 자, 거기 이해 안 가는 예쁜 아가씨를 위해서. 이걸 보라고!"

제경이 씽긋 웃으면서 손가락을 한 번 튕기자 그들이 걷는 길의 담벼락에 마치 낙서처럼 그래프가 그려졌다.

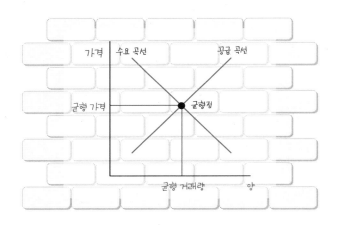

"이렇게 수요 곡선과 공급 곡선이 만나는 점을 균형이 이루어졌다는 의미에서 균형점이라 하고, 그 점이 나타내는 가격에서 그 점이 나타내는 양만큼 거래가 이루어져."

"이게 좋은 건가요?"

"응. 엄청 효율적이지. 공급자는 그 가격에서 자기가 팔고 싶은 만큼 팔 수 있으니까 좋고, 또 수요자는 그 가격에서 자기가 사고 싶은 만큼 살 수 있으니까 좋고. 누이 좋고 매부 좋고!"

제경이 씽긋 웃었다. 유리는 단순히 이루어지는 줄만 알았던 물건 사고팔기가 생각보다 복잡하다는 사실이 놀랍다는 듯 찬찬히 그래프를 살펴보았다. 그러다가 지호는 아는데 자신은 모르는 걸 보면 정말 사회 공부를 안 하긴 안 했구나 싶어 살짝 부끄러운 마음이 들기도 했다. 지호는 그런 유리를 자신도 모르게 멍하니 바라보고 서 있었다. 제경이 그런 두 사람의 마음을 알아차리고는 씩 웃었다.

"불균형은 설명 안 하실 거죠?"

"안 할까 했는데, 네가 그렇게 말하니 해야겠는데?"

안 그래도 싫어했던 이야기는 제발 하지 말아달라는 듯 잔뜩 찌푸린 표정으로 묻는 지호를 약 올리듯 제경이 생글생글 웃었다. 그런 제경의 반응에 지호는 약간 짜증이 났지만 어쩔 수 없다고 생각했다. 사실 균형을 설명하고 불균형에 대해 이야기하지 않는다면 말이 안 된다는 걸 이미 알고 있었기 때문이었다.

"불균형이 뭔데요?"

"저기 표시된 점이 균형점이라고 했지?"

"네!"

"저 점이 아니면 무조건 불균형이야. 두 가지 경우가 있는데, 하나씩 살펴보자."

제경은 손가락을 다시 한 번 튕겼다. 벽에 무언가 더 나타날 거

라 예상하고 눈을 반짝이던 유리는 예상외로 벽에 아무것도 나타
나지 않자 의아하다는 듯 제경을 돌아보았다. 팔짱을 낀 채 무신
경하게 뒤에서 쳐다보던 지호도 아무 변화가 없자 조금 놀란 듯
했다. 하지만 잠시 뒤 그들은 알 수 있었다. 변화는 펜이었다. 제
경의 손에는 어느새 유리와 지호는 생전 처음 보는 특이하게 생
긴 펜이 들려 있었다. 하지만 제경은 전혀 어색하지 않은 듯 자연
스럽게 펜을 쥐더니 그래프를 조금씩 바꿔 그려나갔다.

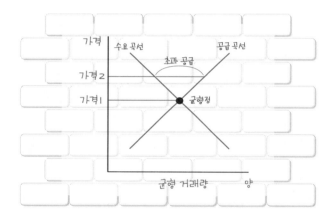

"자, 봐, 가격 1이 균형 가격이지? 그런데 이 시장에선 현재 가
격 2에 거래된다고 해보자. 어떻게 되지?"
"공급이 수요보다 많아요!"
"그렇지! 당연히 가격이 높으니까 공급자, 즉 팔려는 사람은 많

고 사려는 사람은 적은 거야. 그러다보니 공급이 수요보다 많지. 물건이 안 팔리고 남아 있는 거야. 이런 경우를 공급이 수요를 초과한다고 해서 초과 공급이라고 불러."

제경이 강조하듯 말했다. 유리는 '초과 공급'이라는 단어를 따라 말하며 다시 한 번 제경의 말을 머릿속으로 정리했다. 유리가 호기심 가득한 특유의 눈빛을 띠고 제경에게 물었다.

"이럴 땐 어떻게 해요?"

"글쎄, 어떻게 해야 할까?"

"가격을 낮춰야 하지 않을까요?"

"그래. 시장에선 자연스럽게 가격이 낮춰져!"

"자연스럽게요?"

"응! 잘 들어봐. 초과 공급 상태에선 팔려는 물건이 남아돌지? 그러니 공급자들끼리 경쟁을 하게 되는 거야. 내 건 팔리고 남의 것이 남도록! 경쟁력을 갖추기 위해서 공급자들이 할 수 있는 일은 뭘까?"

"가격을 낮추는 거겠죠?"

유리가 조심스럽게 대답했다. 기억을 되살려 수업 시간에 들은 내용을 얼핏얼핏 떠올리는 중이었다. 제경이 씽긋 웃었다.

"정답. 공급자들이 마구 경쟁을 하다보니 가격이 낮아져. 어디까지 낮아지냐고? 당연히……."

"균형 가격이요!"

유리가 힘차게 대답했다. 완벽히 이해했다는 듯 웃고 있었다. 수학, 그중에서도 그래프라면 정말 끔찍이 싫어하던 유리로서는 놀라운 변화였다. 그만큼 제경과 함께 이야기하는 경제는, 그리고 이코노게임은 재미있었다.

"응. 균형 가격까지 가격이 낮아져. 그러면 이제 공급자들이 자연스럽게 공급량을 줄이게 되지. 가격이 내려갔으니까. 반대로 수요자들은 자연스럽게 수요량을 늘리고. 그러면 균형 거래량까지 맞춰지는 거야. 이렇게 균형이 회복되지."

"아무도 시키지 않는데 그런 현상이 저절로 일어난다고요?"

"응. 사람들이 가격의 변화를 보고 알아서 움직이는 거야. 기본적인 수요 공급 법칙을 알기 때문이지."

"되게 신기하네요."

유리가 정말 신기한 것이라도 발견한 듯 그래프를 뚫어지게 쳐다보며 중얼거렸다. 관심 없는 척 가만히 서 있던 지호도 아무 내색 없이 자신의 기억이 정확한지 확인했다.

"또 다른 경우는 뭔데요?"

완벽히 초과 공급에 대해 이해한 유리가 묻자 제경이 다시 펜을 꺼내 들더니 또 그래프를 조금씩 고쳐나가기 시작했다. 그래프를 그리는 제경의 모습이 루나도 신기했는지 제경의 주위를 맴

돌며 꼬리를 흔들었다.

"이번엔 가격 2가 균형 가격인 가격 1보다 낮네요?"

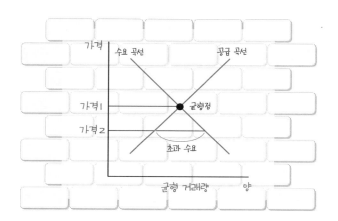

"응, 그래."

"그래서 수요가 공급보다 더 많은 경우로군요? 그러니까 초과 수요고요."

"그렇지. 자, 이번엔 어떻게 얘가 균형점을 찾아가는지 너희가 직접 설명해봐. 단, 거기 정지호, 넌 조용히 하기다?"

제경은 지호를 바라보며 입술에 검지를 대고 '쉿'이라고 중얼거렸다. 지호는 피식 웃으며 고개를 끄덕였다. 제경과 지호의 눈은 유리를 향해 있었다. 조금 긴장한 듯 유리가 침을 꿀꺽 삼켰다.

"수요자들끼리 자기가 사기 위해 경쟁을 해요. 부족해서 남들은 못 사도 자기는 사겠다는 식으로요. 그러다보면… 음, 저절로 수요자들이 가격을 올려요! 비싼 값에라도 사겠다는 거죠! 가격은 균형 가격까지 오르게 되고, 그러면 가격이 오르니까 공급자들은 당연히 공급을 늘리죠. 수요자들은 수요를 줄이게 되고요. 그리고 마지막으로 균형이 회복돼요."

"퍼펙트! 완벽해!"

완벽하게 시장 불균형에 대해 이해한 유리가 자랑스러웠는지 제경은 유리의 어깨를 툭툭 치며 활짝 웃었다.

"저, 그런데 오빠……."

"응?"

"이렇게 벽에다 낙서해도 되는 거예요?"

"당연히……."

"당연히?"

"당연히 안 되지!"

동그랗게 눈을 뜨고 물어오는 유리를 빤히 바라보던 제경이 개구지게 장난을 쳤다. 그 말에 지호가 슬쩍 웃었다. 유리 역시 처음에만 당황했을 뿐 이내 웃음을 터뜨렸다. 제경 역시 그들의 웃음에 동화되어 웃었고, 심지어 루나까지 기분 좋은 듯한 표정을 짓고 있었다.

"자, 그럼 도망쳐볼까?"

"네?"

"낙서하면 안 되는데 낙서했으니까. 도망치자고!"

유리와 지호는 당연히 손가락 튕김 한 번으로 그래프들을 전부 지우고 여유 있게 이동할 거라고 생각했다. 그런데 제경이 갑작스럽게 뛰어가자 두 사람은 당황한 나머지 잠시 동안 그 자리에 멍하니 서 있었다. 그러다가 문득 정신을 차려보니 제경은 어느덧 멀리까지 달아나 있었다. 유리는 정말 이래도 되나 하는 의아함이 담긴 얼굴로 달려가는 제경과 벽의 그래프를 번갈아 바라보다가, 에라 모르겠다는 마음으로 먼저 뛰기 시작했다.

"에잇!"

지호는 귀찮다는 듯 얼굴을 찌푸리다가 하는 수 없다는 생각으로 달리기 시작했다. 출발은 셋 중 가장 늦었지만 타고난 운동신경 덕에 금세 따라 잡을 수 있었다.

그렇게 그들 셋은 대낮에 서울 시내 도로를 신나게 질주했다.

"헉, 헉. 오빠 진짜……."

"정말 헉, 헉……. 너무한 거 아니에요?"

한참을 달리다가 멈춰 선 제경을 간신히 따라 잡은 유리는 숨을 헐떡대기 바빴다. 그나마 여유 있던 지호조차 상당히 먼 거리를 빠른 속력으로 달려와서 지쳤는지 숨을 고를 정도였으니 유리가 숨이 찬 건 당연했다. 두 사람이 힘들어 하는 모습에 살짝 찔렸는지 제경이 난감한 표정을 지으며 사과했다.

"미안, 미안. 사과하는 의미로 주스라도 사줄 테니까, 잠깐만."

씽긋 웃어 보인 제경은 눈 깜빡할 사이에 또다시 그들 앞에서 사라졌다. 두 사람이 믿을 수 없다는 듯 눈을 비벼보았지만, 분명한 건 그가 어디로인가 갔다는 사실이었다. 돌아오기야 하겠지만, 낯선 이코노게임 속에 제경 없이 있으려니 잠깐이나마 불안해지는 마음을 떨칠 수 없었다. 루나 역시 불안했는지, 연방 이리저리 왔다 갔다 하며 제경의 흔적을 쫓고 있었다.

그리고 잠시 뒤, 루나가 꼬리를 살랑살랑 흔들기 시작함과 동시에…….

"미안. 좀 놀랐지? 이러면 이동이 좀 빨라서."

"도대체 어떻게 하는 거예요?"

"약간의 마법이지, 뭐. 자, 그건 그렇고 이거나 받아."

제경이 손에 들고 온 주스를 하나씩 건넸다. 제경이 다녀오는 사이 얼추 숨을 다 고른 두 사람은 시원한 주스를 기분 좋게 마셨다.

"자, 그래서 하고 싶은 말이 뭐예요?"

"응?"

주스를 빠르게 다 마셔버린 지호가 이제 이야기해보라는 표정으로 바라보자 제경은 당황했다. 정말 지호의 눈치는 못 당하겠다는 듯 고개를 설레설레 젓는 제경이었다. 두 사람을 가만히 보던 유리의 머릿속에 왠지 둘이 닮아 보인다는 생각이 스치고 지나갔지만, 아무 내색도 하지 않았다.

"뭐, 별거 없어. 대략 워밍업도 끝났으니 여기 길거리에 있는 상점들이나 좀 둘러보자고 제의하려고 했지."

"뭐, 좋죠."

제경의 말에 지호는 가볍게 일어나며 고개를 끄덕였다. 따분하게 설명을 듣고 있는 것보다는 돌아다니면서 NPC를 만나고 퀘스트를 해결하는 편이 자신과 더 잘 맞았기 때문이다. 유리 역시 고개를 끄덕이며 그들을 따라나섰다.

물가와 인플레이션

수요와 공급에 의해 가격이 결정되는 것을 알 수 있다. 신문이나 텔레비전 뉴스를 통해 흔히 물가가 올랐다는 말을 볼 수 있는데, 물가는 바로 물건의 가격을 말한다. 한 가지 물건의 가격이 아니라, 우리나라에서 판매되는 모든 물건의 가격을 통틀어 물가라고 한다.

물가가 오르는 이유는 여러 가지가 있지만, 가장 일반적으로는 물건을 만드는 데 드는 원가가 오르는 것을 들 수 있다. 물건을 만드는 회사에서는 분배를 위해 직원의 월급을 결정한다. 직원들이 월급을 올려달라고 요구하고 그 요구가 받아들여지면, 회사에서는 이전과 같은 이익을 얻기 위해서 원가가 오르는 만큼 물건 가격을 올려야 한다. 공급량은 같은데 가격이 오르면 수요량이 줄어서 초과 공급이 발생해야 하지만, 생활필수품의 경우에는 수요를 쉽게 줄일 수가 없다. 어쩔 수 없이 오른 가격에 맞춰 수요 곡선이 이동하면 균형 가격 자체가 올라간다. 이렇게 물가가 오르면 소득을 올리기 위해 다시 자신이 근무하는 회사에 급여 인상을 요구하게 되고, 급여 인상은 다시 물가를 올리는 악순환이 계속된다. 이처럼 지속적으로 물가가 오르는 현상을 인플레이션이라고 한다.

Tip

물가가 오르는 데는 이전에 설명한 원가, 즉 재료비, 인건비, 경비가 모두 영향을 미치게 되는데, 수입하는 재료의 가격은 물론 환율, 이자, 유가 등 많은 요인이 포함된다.

7

탄력적인 또는 탄력적이지 않은

"와, 이 목걸이 진짜 예뻐요. 이 귀고리 봐, 갖고 싶다, 진짜."

여러 상점을 둘러보던 유리와 지호는 어느새 보석 가게에 들어와 있었다. 반짝이는 보석들과 장신구들을 보며 신나하는 것은 역시 유리였다. 지호는 관심 없다는 듯 유리창 너머만 바라보고 있었다.

"그렇게 좋아?"

보석에 정신이 팔린 유리는 제경이 두 번이나 부른 뒤에야 겨우 들을 수 있었다.

"죄송해요."

"아냐. 뭐, 보석을 본 김에 이에 관련된 이야기나 해볼까? 아, 그 전에."

제경이 손가락을 톡 튕겼다. 어느새 제경의 손에는 예쁜 보석 목걸이가 들려 있었다.

"자, 이건 선물."

"… 네?"

"너, 내 스타일이야. 말 안 했던가? 받아."

"아, 아니, 저, 오빠……."

"얘가 별로 받기 싫어하는데, 뭘 억지로 쥐어주려고 그래요, 형은."

목걸이는 어느새 관심 없는 척 유리창만 바라보던 지호의 손에 들려 있었다. 지호는 목걸이를 휙 집어 던지고는 다시 유리창 너머로 시선을 돌렸다. 제경은 기막히다는 듯 지호의 뒤통수를 쏘아보다가 다시 입을 뗐다.

"뭐, 됐고, 어찌됐든 이야기나 해보자고. 이런 은 귀고리 정도는 너희도 용돈을 모으면 살 수 있겠지?"

유리는 지호의 행동에 대해 가만히 생각하며 멍하니 고개를 끄덕였다. 도대체 지호는 왜 그랬을까, 지호 역시 자신을 좋아하는 것은 아닐까. 유리의 심장이 콩닥콩닥 뛰었다.

"집중 좀 해봐요, 이유리 씨. 이 귀고리 가격이 열 배로 올랐어. 그럼 넌 이 귀고리를 살까?"

"아으, 설마요. 이거 열 배면 얼마야? 당연히 안 사요. 도대체 얼마 동안 떡볶이를 먹지 말라는 거야."

유리의 투덜거림이 귀여웠는지 제경이 살짝 웃었다. 떡볶이라도 만들어줘야 하는 거 아닌가 싶어서 고민하던 찰나…….

"학교 앞 떡볶이가 맛있긴 하지. 돌아가면 사줄게."

지호의 한마디에 유리는 부끄러움으로 빨개진 얼굴을 하고 고개를 푹 숙였다. 제경은 못마땅하다는 듯 입술을 지그시 깨물다가 이내 다시 입을 뗐다.

"어찌 됐든, 다음으로 넘어가자. 소금이라면 어떨까?"

"네?"

"소금의 가격이 열 배로 뛰었어. 너흰 어떻게 할래? 안 사?"

"그야……."

"당연히 사겠죠, 조금 아껴 쓰긴 하겠지만요. 어쨌거나 그건 필수품이니까요. 물론 제가 사는 건 아니지만."

유리가 대답했다. 제경이 빙긋 웃었다.

"빙고."

"무슨 말씀이 하고 싶으신 건데요?"

"분명히 가격이 오르면 원하는 양이 줄어들지만, 그 정도가 다르다는 걸 말하고 싶은 거야. 어떤 물건은 과감히 원하는 양을 확 줄여서, 심지어 아예 사지 않을 수도 있지만, 어떤 물건은 아주 조금밖에 양을 줄이지 않는다는 말이지."

"그것도 경제예요?"

"응. 탄력성이라고 부르는 거야. 쉬운 말로 고무줄이야. 가격 변화와 수요량의 변화를 나타낸 거니까 수요량과 가격 사이의 고무줄이라고 생각하면 돼. 가격이 오르거나 내릴 때 수요량이 많이 줄거나 늘어나면 고무줄을 닮은 거고, 그렇지 않으면 고무줄을 닮지 않은 거고."

지호는 문득 유리의 머리로 눈길이 갔다. 평소 학교 다닐 때 고무줄로 머리를 묶고 다니던 유리의 모습이 떠오르자 저도 모르게 얼굴이 뜨거워졌다.

"정지호, 어디 아파?"

"아니, 전혀."

"그런데 얼굴이 빨개."

"더워서 그래. 그리고 넌 나보다 더 자주 빨개져."

지호는 괜히 헛기침으로 유리의 질문을 피했다. 지호의 마지막 한마디에 유리는 다시 한 번 얼굴을 붉혔다. 제경이 그 둘을 보더니 뭐가 마음에 안 드는지 인상을 살짝 찌푸렸다. 하지만 그뿐이었다. 괜한 말을 덧붙이지는 않고 그저 고무줄에 대한 다음 말을 이어갔다.

"어떤 물건들이 고무줄을 닮았을까?"

"음, 비싼 물건이요? 이런 귀고리나 보석처럼."

"틀린 말은 아니지만 단순히 비싼 건 아니야. 비싸도 필수품이면 고무줄을 닮지 않지."

"아! 사치품이요!"

"딩동댕. 또 다른 건?"

두 아이는 고민에 빠졌다. 제경이 빙긋 웃으며 힌트를 주었다.

"바꿔 쓸 수 있는 녀석들."

"네?"

"벌써 잊은 거야?"

"아! 바꿔 쓸 수 있는 녀석들이 많은 물건이라면 고무줄을 닮지 않았을까요? 가격이 오르면 다른 물건을 쓰면 되니까요."

"그렇지. 경제 센스가 많이 좋아졌는데?"

제경이 보람 있다는 듯 미소 지으며 칭찬을 했다. 호기심 많은 유리가 고개를 끄덕이다가 질문을 했다.

"그건 수요량과 가격 사이의 고무줄이라고 했죠?"

"응, 그렇지."

"그럼 공급량과 가격 사이의 고무줄도 있겠네요?"

"진짜 센스가 팍팍인데? 당연하지, 가격 변화보다 공급량이 많이 변하면……."

"고무줄을 닮은 거라는 말이죠?"

지호가 심드렁하게 대답했다. 제경이 다시 빙긋 웃었다.

"응, 완벽해. 이 경우에는 농산물보다 공장에서 만드는 물건이 고무줄을 닮았어."

"왜요?"

"농사는 아무리 공급량을 늘리고 싶어도 얼마만큼의 시간이 필요하잖아, 뚝딱 지으면 완성되는 게 아니니까. 하지만 공장에서 만드는 물건은 다르지. 정말 뚝딱뚝딱 완성되니까 말이야."

문득 유리의 머릿속에 몇 년 전 현장학습으로 다녀온 자동차 공장의 모습이 떠올랐다. 기계의 힘으로 돌아가는 공장이라면 물건 공급량을 조절하기도 쉽다는 말을 금세 이해할 수 있었다.

"자, 그럼 나가볼까?"

제경의 말에 유리는 마지막으로 보석과 장신구들을 쓱 둘러본 뒤 아쉬운 표정으로 발걸음을 옮겼다.

"두 번째 스테이지는 좀 시시하네요."

보석 가게에서 나오자마자 지호는 퉁명스럽게 제경에게 불만을 이야기했다.

"시시하다고?"

"도대체 대결 퀘스트는 언제 나와요? 대결이 아니라면 시시하다고요."

"첫 번째 스테이지에서 먼지로 변하는 걸 보고 놀란 사람이 누구더라?”

“저는 아니거든요, 말 돌리지 말고 빨리요. 게임이라면 좀 긴박한 맛이…….”

그 순간이었다.

“흥. 거기 너희!”

유리와 지호는 순간 당황해 입을 딱 벌렸다. 그들 앞에 웬 뚱뚱한 부인이 갑자기 나타났다. 부담스러울 정도로 곱슬곱슬한 파마 머리에 온몸을 보석으로 치장하고 욕심 많게 생긴 그녀는 목소리 또한 하이톤으로 마치 마녀를 떠올리게 했다.

“아주머니는 누, 누구세요?”

“너희, 나랑 내기를 하자.”

“네?”

“난 영화관을 운영하고 있다. 너희가 지금 내가 버는 것보다 더 많이 벌게 해줄 수 있다면 너희가 이기는 거다. 어때, 할 테냐?”

사악해 보이는 부인의 겉모습에 당황한 유리는 뭐라 대답해야 할지 몰라 망설이고만 있었다. 그 순간 지호가 여유 있게 생글생글 웃으며 대답했다.

“좋아요, 하죠.”

“야, 정지호!”

상의도 없이 그러겠다고 대답하는 지호 때문에 놀란 유리가 발끈했지만, 지호는 안심하라는 듯 미소를 보일 뿐이었다. 좀처럼 보기 힘든 지호의 미소에 유리는 할 말을 잃고 그저 멍하니 바라보았고, 제경은 의미를 알 수 없는 웃음만 짓고 있었다.

"저희가 깔끔하게 이겨드릴게요."

"흥, 좋아. 그렇다면 따라와."

"여기인가요?"

"그래, 설명해줄 테니 잘 들어. 현재 영화관의 관람료는 6,000원이다. 평일에는 300명, 주말에는 600명이 영화관을 찾아오지. 하지만 영화관의 좌석 수는 500석이기 때문에, 주말에도 500명밖에 영화를 보지 못해. 이런 상황에서 어떻게 하면 내가 돈을 더 벌 수 있지?"

"네?"

뭔가 쉽게 이해가 가지 않는 물음에 유리가 당황하며 반문했지만, 부인은 승리의 웃음을 얼굴 가득 띤 채 쌀쌀맞게 다음 말을 이어갔다.

"너희가 질문할 수 있는 기회는 단 한 번뿐이야. 자, 해결해봐."

부인은 퀴즈를 다 내고 나서 꼬마들은 절대 풀 수 없을 거라 자신했는지 거만한 표정을 지으며 한쪽으로 걸어갔다. 지호는 그 퀴즈가 흥미진진하다는 듯 얼굴에 미소를 띠고 여러 각도로 머리를 굴렸다. 유리는 해결하지 못하면 어쩌나 하는 불안한 눈빛으로 제경을 바라보았다. 제경이 입을 뗐다.

"내가 해결해주면 안 되겠지만, 힌트는 줄 수 있지."

"힌트요? 빨리 주세요, 오빠!"

혹시 먼지가 되지는 않을까 걱정이 앞선 유리가 재촉하자, 제경이 빙그레 웃으며 말했다.

"평일과 주말로 나뉘어 있지? 그게 힌트야. 평일과 주말은 각각 수요와 가격 사이의 고무줄이 다를 테니까."

"네? 무슨……."

"자, 똑같이 가격이 올랐다고 한번 생각해봐. 영화 보는 걸 언제 더 줄이겠어?"

"당연히 평일이죠! 평일엔 안 그래도 없는 시간 쪼개서 보는데, 가격까지 오르면 전 안 볼래요."

"그래, 평일이 훨씬 고무줄을 닮았어. 주말은 조금 비싸지더라도 사람들이 영화를 본다고."

"그게 힌트예요?"

평일 영화 수요가 주말 영화 수요보다 고무줄을 더 닮았다는 점이 도대체 무슨 힌트란 말인지 이해할 수 없는 유리는 고개만 갸우뚱했다.

"응, 고무줄을 닮은 쪽은 가격을 낮추는 편이 더 이득이고, 고무줄을 닮지 않은 쪽은 가격을 높이는 편이 이득이거든."

"정말요?"

"가격 차별이라는 거야, 조건에 따라 가격을 다르게 적용하는. 단, 조건별로 고무줄을 닮은 정도가 다르고, 두 조건이 분리되어 있을 때만 가능하지. 두 조건이 분리되어 있다는 건 쉽게 말해 평일 표를 가진 사람이 주말에 영화를 볼 수 없단 소리야."

"그런데 왜 그렇게 하면 이득이 더 커져요?"

"생각해보면 간단한 문제야. 고무줄을 닮았다는 건 무슨 뜻이랬지?"

"가격 변화보다 수요량 변화가 더 큰 거요."

"그래. 그 얘기를 바꿔 말하면 가격이 조금만 변해도 수요량이 많이 변하는 거지?"

"그렇죠. 아!"

유리가 그제야 알았다는 듯 박수를 쳤다. 완벽히 이해를 한 유리의 얼굴에는 환한 웃음이 지어져 있었다.

"그러니까 가격을 낮추면, 그 낮춘 것보다는 많은 사람이 온다는 말이죠? 음, 예를 들면 1,000원짜리를 500원으로 가격을 낮추면 열 명 오던 사람들이 21명 이상 오는 거네요?"

"응, 그러니까 낮추는 편이 이득이란 거야."

"고무줄을 닮지 않은 쪽은 반대로 생각하면 되는 거죠?"

제경이 씩 웃으며 고개를 끄덕였다.

"그럼 평일엔 한없이 낮추고, 주말엔 한없이 올리면 되겠네요?"

"그건 아니지."

가만히 듣고만 있던 지호가 유리의 잘못을 지적했다.

"에, 아니야?"

"응, 아냐. 한없이 낮춰서 1,000명이고 2,000명이고 몰려오면 어쩔래? 어차피 좌석 수는 500석뿐인데. 결국 이 문제는……."

"500석에 맞춰야 한다, 이거지?"

"빙고. 그럼 이제 저 거만한 아주머니한테 한번 물어봐야겠군."

앞장서서 부인이 있는 쪽으로 쏜살같이 달려가는 지호의 두 눈이 빛나고 있었다. 제경은 지호의 뒤를 쫓아 달리는 유리를 보면서 씽긋 웃고만 있었다. 그의 손에서 루나는 기분이 좋은 듯 꼬리를 살랑살랑 흔들었다.

"뭐?"

"한 가지는 물어도 된다면서요. 평일과 주말 모두 가격이 얼마일 때 500명이 오냐고요?"

"그, 그야……. 흠, 평일엔 5,000원일 때 500명이 오고, 주말엔 7,000원일 때 500명이 온다. 그런데 그건 왜 묻지?"

"그럼 평일엔 관람료를 5,000원으로 하시고, 주말엔 7,000원으

로 하세요. 그 편이 아주머니한테 제일 이득일 거예요.”

지호가 승리를 자신하는 듯한 목소리로 말했다. 그러자 지금까지 하이톤으로 여유 있던 부인의 목소리가 가늘게 떨리기 시작했다.

“뭐, 뭐야?”

“계산해보세요. 현재 아주머니가 평일에 올리고 있는 수익은 6,000원씩 300명, 그러니까 180만 원이잖아요. 하지만 5,000원씩 500명에게 팔면 250만 원이니, 훨씬 이득이죠. 주말도 마찬가지예요. 한 사람당 1,000원씩 더 받는 셈이니까요. 어차피 600명 와도 500명밖에 못 들어간다면서요.”

유리가 자신 있게 덧붙였다.

“어, 어떻게 평일과 주말에 돈을 따로 받는단 말이야?”

“그런 걸 가격 차별이라고 한다네요. 경제 공부 좀 하세요, 아주머니.”

지호가 씽긋 웃으면서 마지막 일격을 가했다. 그러자 찢어지는 듯한 비명 소리가 극장 안을 가득 채웠다. 그리고 잠시 뒤…….

“실제로 가격 차별이 우리 주변에 적용되는 경우가 많다는 이야기도 해주려고 했더니, 벌써 끝내버렸네?”

제경이 미소를 지으며 그들에게 다가왔다. 얌전히 제경의 품에 안겨 있던 루나가 무얼 봤는지 폴짝 뛰어내렸다.

"또 먼지가 되어버렸어요."

"그래도 저번처럼 놀라지는 않는구나?"

"한 번 봤으니까요. 그래도 좀 싫어요, 이런 건."

"너희가 이긴 게 그래도 낫지 않아?"

"이긴 건 좋지만……."

마음 약한 유리가 부인이 사라진 자리에 쌓인 먼지를 힐끔힐끔 보면서 중얼거렸다. 지호가 피식 웃으며 유리의 어깨를 툭 쳤다.

"너나 내가 먼지가 되는 것보단 훨씬 나아. 게임인데 뭘 그러냐?"

지호의 한마디에 유리의 얼굴이 살짝 붉게 물들었다. 그 순간이었다.

"야, 루, 루나! 거기 서!"

"쟤 진짜 오늘 왜 저래? 루나!"

마치 처음 이코노게임으로 들어오던 그 순간처럼 잡을 새도 없이 쏜살같이 어딘가로 달려가는 루나였다. 유리는 재빠르게 루나를 쫓기 시작했고, 지호도 할 수 없다는 듯 한숨을 한번 내쉬더니 달려갔다. 오직 제경만이 무슨 생각인지 빙그레 웃으며 두 사람과 루나의 뒷모습을 가만히 지켜보고 서 있었다.

Tip

조조할인과 비수기 할인

　극장 요금을 수요에 따라 결정하는 것은 현실에서도 똑같이 적용된다. 아침에는 영화를 보기 위해 극장을 찾는 관객이 많지 않으므로 극장에서는 조조할인이라는 제도를 통해 싼 가격에 많은 사람을 끌어들인다.

　콘도나 펜션, 호텔 등 휴양 시설이 성수기와 비수기를 구분해 요금을 다르게 받는 이유도 여기에 있다. 가족이 여행을 떠나기 가장 좋은 때는 자녀들의 방학 기간이기 때문에 여름과 겨울에는 여행객들이 집중되게 마련이다. 이때는 성수기 요금이라 하여 평소보다 비싸게 받지만, 다른 시기에는 비수기 요금을 적용하여 성수기보다 낮은 가격을 받는다.

　아무 생각 없이 지나치는 우리 주변의 많은 일들에도 이처럼 경제적 의미가 있음을 알 수 있다.

8

🐾

기회비용, 너의 정체를 밝혀라

"헉, 헉. 도대체 이 강아지는 왜 자꾸 뛰는 거냐?"

"나도 몰라, 헉. 헉. 얘 이러는 거 처음이야."

"그나저나 이거 문처럼 생겼는데?"

어느덧 해가 저물어 달빛과 별빛이 깜깜한 어둠을 밝혀주는 밤이 되었다. 도대체 어디로 달려왔는지 주위에 잔뜩 늘어서 있던 빌딩도 사라진 지 오래였고, 으레 저녁이면 거리를 수놓던 네온사인도 전혀 보이지 않았다. 그들 앞에 보이는 것이라곤 마치 웃는 듯한 하얀 루나와, 루나 뒤편의 나무문뿐이었다. 주위는 온통 풀밭이어서 마치 뒷동산에 올라온 것 같은 기분이었다.

"그러게. 우리가 지금까지 스테이지 이동할 때 썼던 문과 똑같이 생겼는데?"

"설마, 그럼 이거……."

"진짜 영리한 강아지라니까. 보면 볼수록 탐나는걸?"

"오빠!"

유리와 지호는 한참을 달려오느라 잊고 있던 제경의 존재를 그제야 깨달았다. 언제 따라왔는지가 의문이었지만, 어쨌거나 가장 의지할 만한 사람이 나타났으니 조금이나마 안심이 되었다.

"여기 어디예요?"

"또 다른 쉬어가는 스테이지로 향하는 곳."

"쉬어가는 스테이지요?"

"응, 두 번째 스테이지도 잘 마쳤으니 이제 쉬어야지. 문 만들기도 귀찮았는데 그런 내 마음을 너무 잘 알아줬네, 이 강아지."

"그러니까 이 문이……."

"응, 열어봐. 벌써 늦은 밤이라고. 나도 졸려. 하암."

제경이 하품을 하며 루나를 쓰다듬자, 루나가 기분 좋은 듯 가르랑거렸다. 그 모습이 마치 웃는 것처럼 보여 유리는 조금 당황스러웠다. 신경을 다른 곳으로 돌리고 싶었던지 유리가 용기 있게 문을 열고 가장 먼저 안으로 들어갔다. 지호 또한 유리를 따라 들어갔다. 지금까지 상황으로 보건대 그다지 평범한 장소는 아닐 거라고 생각하면서. 제경은 두 사람의 뒷모습을 가만히 지켜보더니 루나를 끌어안고 중얼거렸다.

"자, 우리도 들어가자."

"와우, 이번엔 좀 평범하네요?"
"이건 평범함을 넘어선 놀라움인데? 우리 자는 거예요?"
"응, 되게 아늑해 보이지?"
"그러게요. 이번엔 뭐 없는 거예요? 그냥 자면 되나요?"
"응, 그냥 자. 쉬어가는 스테이지라고 했잖아."

두 개의 침대가 놓여 있는 아늑한 방은 갑작스럽고도 낯선 이코노게임에 지친 유리와 지호에게 꿀맛과도 같은 휴식을 주는 선물이었다.

"저 먼저 씻을게요!"

아무래도 그냥 자기는 찝찝했던지 유리가 빠르게 욕실로 들어갔다.

"어디 가게?"

"그냥요. 바람이나 쐬려고요."

지호는 침대에 앉아보지도 않은 채 제경에게 그렇게 말하고는 다시 나무문을 열고 밖으로 나갔다. 제경은 루나를 쓰다듬으며 가만히 지켜보기만 했다.

"어라?"

얼마쯤 시간이 흘렀을까. 씻자마자 곧바로 곯아떨어졌던 유리는 바람 소리에 잠이 깼다. 졸린 눈을 비비며 일어나 앉았는데, 창문으로 흘러 들어오는 희미한 빛에 보이는 맞은편 지호의 침대가 비어 있었다. 아까 씻고 왔을 때도 보이지 않아 조금 걱정을 했는데 지금도 비어 있다니, 이상한 느낌이 들어 유리는 슬그머니 자리에서 일어났다. 그리고 조심스레 밖으로 나왔다.

"어!"

밝은 보름달이 비추는 푸른 풀밭에 지호가 있었다. 하지만 유리는 다가갈 수 없었다. 그곳에서 지호가 춤을 추고 있었기 때문이다. 춤에 대해 하나도 모르는 유리가 봐도 감탄할 정도의 현란한 스텝과 손놀림으로. 지호가 비보이 활동을 한다는 이야기를 얼핏 들어 알고는 있었지만, 실제로 보기는 처음이라 유리는 적잖이 놀라웠다. 게임할 때보다도 더 빛나는 그 아이의 눈빛이라니… 저렇게 땀 흘리며 웃고 있는 표정이라니…… 새삼 지호에 대해 새롭게 알게 된 것만 같아 유리는 가슴이 두근거렸다. 그 순간…….

"무슨 일이야?"

멍하니 그 모습만을 바라보던 유리와 춤을 추다가 문득 멈춰 선 지호의 두 눈이 마주쳤다. 유리의 얼굴이 새빨갛게 달아올랐다. 무슨 말을 해야 할지 몰라 유리가 머뭇거리는 사이 지호는 떨

어진 모자를 주워들었다.

"할 말 없으면 먼저 들어간다."

"저기."

"어?"

"나, 너 좋아해!"

"뭐?"

순간적이었다. 지금까지 한 번도 말한 적 없던 자신의 마음을 이렇게 공개적으로 꺼내놓다니, 유리로서는 지극히 충동적인 행동이었다. 달빛에 비친 지호의 모습이 무척 멋있어서 그냥 자신도 모르게 튀어나온 말이었다. 유리는 귀까지 새빨개진 채 지호를 쳐다보지도 못하고 그저 고개를 푹 숙이고만 있었다.

"저기……."

"그런 거였어?"

"그게……."

지호가 피식 웃었다. 땀을 닦아내며 유리를 빤히 바라보더니 중얼거리듯 말했다.

"난 여자 친구 사귀는 거 관심 없어. 안 그래도 해보고 싶은 거 많거든. 미안. 뭐, 네가 인제경이랑 붙어 있는 모습 보면 기분 나쁘고 그런 것이 너한테 호감이 없는 건 아닌데, 어쨌든 그래."

"아……."

"그럼 나 먼저 들어간다."

가볍게 손을 올려 인사를 하며 문을 열고 안으로 들어가는 지호의 뒷모습을 유리는 그저 멍하니 바라볼 수밖에 없었다. 1학년 때부터 좋아해온 자신의 마음을 충동적이긴 했지만 겨우 표현했는데……. 사실 지호가 받아주리라고 생각한 적은 한 번도 없었지만, 막상 현실이 되고 나니 적잖은 충격으로 다가왔다.

"흠, 지호 녀석한텐 다른 게 편익이 더 큰가 보네?"

"… 오, 오빠?"

커다란 나무 뒤편에서 달빛을 받으며 터벅터벅 걸어 나온 것은 제경이었다. 누군가가 또 있다고는 꿈에도 생각 못한 유리는 깜짝 놀랐다.

"설마 다, 다 들은 거예요?"

"별말 하지도 않았잖아."

"아, 아니, 그, 그래도!"

"모른 척해주려고 했는데 아무래도 저 녀석이 너무 쌀쌀맞아서."

"그래서 다 들었다고요?"

"뭐, 그런 셈이지."

자신의 고백을 다 들었다니, 뻥 차인 것도 다 봤다니……. 민망함 때문에 유리의 얼굴이 다시 한 번 붉게 달아올랐다.

"그, 그런데 뭐라고 하셨어요?"

"응?"

"방금 전에요!"

"아, 편익 이야기를 했지."

"편익이요?"

"응, 쉽게 말해서 편익은 무언가를 선택했을 때 내가 얻는 것이라고 할 수 있어. 반대로 비용은 무언가를 선택했을 때 내가 희생하는 것이고."

"그게 왜요?"

도대체 이런 상황에서 왜 그런 말을 꺼냈는지 전혀 이해할 수 없는 유리는 조금 퉁명스런 말투로 제경에게 물었다.

"경제학적으로 합리적이려면 편익이 비용보다 큰 선택을 해야 해."

"그야 당연하잖아요."

"그렇지. 그런데 거기서 비용이라는 걸 잘 생각해봐."

"왜요?"

"꼭 돈 쓰는 것만 비용은 아니거든. 우린 기회비용이란 말을 쓰지."

"기회비용이요?"

어느덧 제경의 이야기에 푹 빠져든 유리는 호기심이 반쯤 담긴 눈으로 제경을 바라보았다, 설명을 어서 계속 해달라는 듯이.

"그냥 예를 들어서 생각하자. 네가 나중에 커서 돈을 많이 모았다고 해보자."

"상상은 기분 좋네요."

"그렇지? 그 돈을 가지고 네가 할 수 있는 일은 뭐가 있을까?"

"저금이요."

"또 다른 건?"

"글쎄요. 투자 같은 거?"

"좋았어. 그럼 저금을 하거나 주식 투자를 할 수 있다고 해보자. 저금을 하면 이자율이 5퍼센트고, 주식 투자를 하면 20퍼센트의 수익을 낼 수 있어. 이때 너라면 뭘 선택할까?"

"당연히 주식 투자를 선택하겠죠?"

"응. 그럼 네가 주식 투자를 선택했을 때 희생하는 게 뭐야?"

"저금 이자율 5퍼센트?"

"오케이! 그게 바로 주식 투자의 기회비용이야."

"아……."

"그러니까 다른 말로 하면 주식 투자를 통해 네가 얻는 이득은 20퍼센트에서 기회비용인 5퍼센트를 뺀 15퍼센트라는 얘기지. 이제 기회비용이란 거, 대략 이해됐지?"

유리는 가만히 제경의 말을 되짚으며 고개를 끄덕였다, 기회비용에 대해 이해가 됐다는 듯.

"여러 가지 중에 기회비용이 가장 작은 걸 골라야 합리적인 셈이지. 단, 기회비용 생각할 때 고려하면 안 되는 게 하나 있어."

"그게 뭔데요?"

"바로 너와 내가 처음 만났을 때 얘기했던 '매몰 비용'이야. 이미 써버려서 다시 내 것이 될 수 없는 비용! 그런 건 고려하면 안 돼. 그건 그냥 없는 돈이다 생각해야지, 그런 것까지 고민하다가는 망친다고. 네 콘서트 표 값인 6만 원이 너한텐 매몰 비용이었던 거야."

문득 제경과의 첫 만남이 다시 유리의 머릿속에 떠올랐다. 그와 동시에 그 옆자리에 앉아 있던 지호의 얼굴도 떠올랐다. 자신도 모르는 사이에 유리의 눈에는 눈물이 가득 고였다.

"야, 울어?"

"아, 몰라요!"

달래줄 새도 없이 결국 유리의 눈에서 눈물이 터져 나오자, 제경은 당황했다. 계속 울던 유리는 이내 제경에게 소리쳤다.

"도대체 나한테 이런 이야기를 왜 지금 해주는 건데요?!"

"… 응?"

"나 지금 상처 받았잖아요. 그런데 왜 이런 이야길 하냐고요! 달래주는 게 원칙이잖아요!"

"일단 난 달래는 데 소질이 없고, 무엇보다 너도 듣는 거 재미

있었잖아."

"뭐, 뭐예요?!"

유리는 새빨개진 토끼눈으로 제경을 쏘아보았다. 흥미 있게 들은 건 사실이지만, 막상 정곡을 찔리니 괜히 발끈했던 것이다.

"아, 농담이야, 농담. 사실 이런 이야길 너에게 해준 이유는 따로 있어. 첫 번째는 너를 달래주고 싶지 않았어. 정지호가 아니라 내가 너한테 관심이 많으니까. 다른 남자 때문에 울고 있는 예쁜 아가씨는 매력 없다고."

"그, 그게 뭐예요!"

"그리고 두 번째 이유는 말이지, 정지호가 선택을 했잖아? 그 말은 너보다 기회비용이 작은 무언가가 지금 그 아이에게 있단 소리겠지. 그럼 넌 어떻게 해야겠어? 정지호에게 너 이유리가 기회비용이 가장 작은 존재가 되도록 해야 하지 않겠어? 그러면 그 아이 마음을 돌릴 수 있을 거 아냐."

"아……."

순간적으로 눈물을 뚝 그친 유리가 제경을 빤히 바라보았다. 자신을 정지호에게 기회비용이 가장 작은 존재가 되도록 하라니, 누가 이코노게임 아니랄까봐 제경은 이런 것까지 경제적으로 설명하고 있었다. 괜히 심술이 난 유리는 입술을 삐죽였지만, 마음속으로는 이미 그렇게 하겠다고 다짐한 뒤였다.

"너로 인해 얻는 편익이 더 많아지게 하는 것도 좋은 방법이고. 뭐 거의 비슷한 말이긴 하지만."

제경이 씩 웃었다. 입술을 삐죽이던 유리도 결국 배시시 웃어 보였다. 평범하지는 않았지만 제경 나름의 방식으로 자신을 달래 줬다는 것을 깨달았기 때문이다.

"아, 그런데……."

"네?"

"지금 자두는 게 좋을걸? 눈이 좀 붓긴 하겠지만, 그 편이 너한 텐 기회비용이 작은 선택이야. 내일은 또 숨 가쁘게 게임이 진행될 테니까. 자, 그럼 어서 들어가봐."

제경이 유리를 문 쪽으로 살짝 밀면서 윙크를 보냈다. 유리는 제경의 뒤편에서 살며시 머리를 내민 루나를 가만히 바라보다가 활짝 웃으며 제경에게 손을 흔들더니 문 안으로 들어갔다. 유리의 뒷모습을 지켜보던 제경은 풀밭에 털썩 드러누워 배 위에 루나를 올려놓고는 나지막한 목소리로 중얼거렸다.

"파이팅."

유리도, 지호도, 그리고 이코노게임도. 너도, 나도.

땡처리와 매몰 비용

흔히 일류 메이커에서 창고 대방출이라고 하여 양복을 단돈 몇만 원, 평상복은 단돈 몇 천 원에 판매하면서 '주인이 미쳤어요', '말만 잘하면 공짜'라는 선전 문구를 내거는 것을 볼 수 있다. 이때 '어차피 입을 거니까' 또는 '싼 맛에' 달려가 이것저것 잔뜩 사 온 적은 없는지 생각해보자. 물론 필요한 옷이라면 이렇게 사는 것이 알뜰한 방법이다. 그런데 옷 가게 입장에서는 왜 이런 짓을 할까? 분명이 천 가격에도 못 미치는 가격으로 옷을 팔면 옷 가게는 손해가 아닐까?

창고 대방출 상품은 대개 1~2년 전에 만들어놓은 재고품이다. 만들 때 든 비용이 있겠지만, 이 비용은 상품을 팔지 못할 경우 한 푼도 건지지 못한다. 오히려 창고에 보관하기 때문에 창고 비용만 들어가는 실정이다. 창고에는 신상품이 자리를 잡아야 하는데 팔리지도 않는 옛날 상품이 버티고 있는 셈이다. 그래서 창고 대방출을 한다. 판매하는 사람 입장에서는 거저 가져가주기만 해도 감사할 따름이다. 단돈 천 원을 받더라도 그 돈은 고스란히 이익으로 남는다. 창고 대방출이나 땡처리를 하는 이유는 바로 그 상품의 원가가 매몰 비용이기 때문이다.

9

시장이 한계를 맛보다

"여긴 어디예요?"

다음날 아침, 이젠 제법 익숙해진 나무문을 지나 그들이 도착한 곳은 시커먼 매연을 내뿜는 공장이 보이는 장소였다. 어제 저녁과 분명 다른 곳이 등장했는데도 유리와 지호는 더 이상 당황하지 않았다. 다만 탁한 공기에 얼굴을 찌푸릴 뿐이었다.

"'스테이지 3 ─ 서울 근교의 도시'야."

"여기가 세 번째 스테이지라고요?"

"응, 세 번째 스테이지에선 경쟁자인 NPC들이 어딘지 모를 곳에서 튀어나오게 되어 있지. 그러니 주의해!"

"그런데 꼭 공장 옆에 있어야 해요, 우리?"

"한 가지만 살펴보고 가자."

유리와 지호에게 조금만 참자며 미소를 지어 보인 제경이 앞장서서 공장 근처로 다가갔다. 두 사람은 썩 내키지 않는 표정으로 제경을 따라갔다. 털에 까뭇까뭇한 게 묻어버린 루나도 탐탁지 않은 듯 주위를 살피며 그들을 뒤따랐다.

"어머! 냇물이 심하게 오염됐어요!"

"그렇지?"

"어쩜 이래요, 이 공장 너무 못됐어요!"

유리가 잿빛 물이 흘러가는 강을 보더니 화가 난다는 듯 큰 소리로 외쳤다. 공장 폐수가 흘러나와 강물을 오염시킨 것이다.

"하지만 공장으로선 당연한 거야."

"네?"

"공장은 자신의 비용과 이익을 따져서 수요−공급의 원칙에 알맞게 생산하고 있는 거라고."

"그, 그런……."

"공장 입장에선 무척 효율적인 방식이지."

"하지만 이러면 안 되잖아요!"

"그래, 그래서 살펴보고 가자는 거였어. 공장에선 효율적인데 사회적으론 무척 비효율적인 이런 일을! 이 사례처럼 시장과 전혀 상관없이 이루어지면서 제3자에게 손해나 이익을 주는, 그러

나 그에 대한 대가를 치르지도 받지도 않는 것을 외부 효과라고
해. 단, 여기서 제3자에게 주는 손해나 이익은 일부러 의도한 바
가 아니어야 하지."

"어려워요."

"너희 눈앞에 펼쳐진 이 사례를 보며 구체적으로 생각해보자.
우선 공장은 시장에서 이 '폐수'를 팔거나 사는 것이 아니지? 그
래서 폐수 방출은 시장과 전혀 상관없이 이루어진다고 할 수 있
어. 그리고 이 폐수는 너희를 비롯한 다른 사람들에게 손해를 줘.
그러나 공장은 우리에게 보상을 해주지 않지. 마지막으로 공장은
강을 오염시키기 위해 일부러 폐수를 내보내는 건 아니야. 그저
생산하는 과정에서 자연스럽게 폐수가 흘러나왔을 뿐이라고. 이
제 오케이?"

"네, 하지만 의도했든 아니든 이대로 내버려둘 순 없어요."

이 물이 강을 거쳐 바다로 흘러가는 일은 상상도 하기 싫은 듯
유리가 고개를 설레설레 저으며 단호하게 말했다. 제경이 고개를
끄덕였다.

"당연히 이대로 둘 순 없지. 하지만 이걸 시장에서 처리할 수도
없어. 아까도 말했듯 수요-공급의 원칙에 완벽히 들어맞아. 다시
말해 시장의 원칙에 의한 것이란 뜻이지."

"그럼 어떻게 해요?"

"그럴 때 필요한 게 바로 정부의 간섭이야. 정부가 법을 통해 시장에 간섭해서 공장이 폐수를 내보내지 못하도록 해야 한다는 말이지. 아니면 정화 시설을 설치하도록 시키든가."

"아, 그럼 되겠네요!"

"여기서 너희가 명심해야 할 내용은 시장이 완벽하지 않다는 점이야. 이런 걸 우린 시장 실패라고 불러."

"시장 실패요?"

"응, 시장이 실패한 거야. 완벽하지 못하니까 실패를 하지. 시장을 통해 자원이 비효율적으로 나뉘는 게 바로 시장 실패야. 사회에서 감당하지 못할 만큼 폐수를 방출하는 '비효율적'인 이 공장처럼."

"시장 실패를 해결하는 건 정부고요?"

"마치 저희가 시험에 실패하면 부모님과 선생님이 간섭하는 것과 비슷하군요?"

"하하, 그런가?"

유리의 뾰로통한 질문에 제경이 재미있다는 듯 웃었다. 어느새 지호도 즐겁게 웃고 있었다. 아이들이 환하게 웃는 사이 강물은 푸르게 변해 있었다.

"어라? 정부가 간섭에 성공했나봐요!"

"그런가보네. 아, 그런데요, 아까 의도하지 않은 이익을 주는 경우도 있다고 하셨죠?"

"응, 의도하지 않은 이익을 주지만 그에 대한 대가를 받지 못해 우리가 원하는 것보다 적게 생산되는 경우도 있지."

"어떤 경우인데요?"

"이를테면 바로 저런 것!"

제경이 고개를 돌려 뒤편을 바라보더니 손가락을 가볍게 튕겼다. 두 아이도 제경을 따라 고개를 돌렸다. 그리고 그곳에는…….

"와, 예뻐요!"

"그렇지?"

"저런 꽃밭들이 그런 예가 되나요?"

"응, 꽃을 보면 사람들이 즐거워하니 의도하지 않은 이익을 주는 셈이지. 꽃을 가꾸는 사람들이 남들 기쁘게 하자고 하는 건 아니잖아. 그저 자기 정원을 꾸미기 위해 가꿀 뿐이지."

"그런데 적게 생산된다고요?"

"응, 비용이 많이 드니까. 우리가 봐서 느끼는 즐거움만큼 그들에게 돈을 주면 좋을 텐데, 실제로 그렇게 하기는 어렵잖아."

"그럼 정부에서 도와줘야겠네요?"

"딩동댕!"

제경이 빙긋 웃었다. 향기로운 꽃향기에 취한 듯 모두가 밝은 표정을 짓고 있었다. 지호마저도 가볍게 미소 지을 만큼 확실히 자연은 아름다운 것이었다.

"으, 다리 아파. 우리 그만 걷고 좀 쉬면 안 돼요?"

"그래, 그럼 이 벤치에 앉아서 쉴까?"

"네, 그래요!"

공장에서 멀어져 이미 한참을 걸어왔다. 길가에 놓인 벤치는 지친 그들에게 안성맞춤의 휴식처가 되어주었다.

"으, 앉아서 쉬는데 갑자기 대결하자고 누가 찾아오진 않겠죠? 지금 온다면 지쳐서 아무것도 못 할 거야."

유리가 다리를 두드리면서 혀를 내둘렀다. 지호는 차라리 빨리 끝내버렸으면 좋겠다고 중얼거리며 한숨을 내쉬었다. 그 순간 제경이 웃으며 입을 뗐다.

"너희가 지금 앉아 있는 벤치는 누가 만들었을까?"

"벤치 회사에서 만들었겠죠."

"그럼 그 회사는 뭐가 좋다고 만들었을까, 이걸?"

"그게 무슨 말이에요?"

"너희가 거기 앉아도 벤치 회사는 돈을 못 받잖아. 그런데도 왜 이걸 만들어서 여기에 두었을까?"

"하지만……."

순간 유리는 말문이 막혔다. 아무리 생각해도 제경의 말에 반

박할 거리를 찾을 수 없었기 때문이다. 분명히 벤치 회사는 자신들이 그 벤치에 앉는다 해도 이용 요금을 받거나 하는 이익이 없을 텐데, 왜 벤치를 만들었을까? 길거리 관리인이 벤치 회사에서 사다가 놓지 않았을까? 하지만 길거리 관리인도 자신들한테 돈을 받지 못하는데? 다양한 생각들이 머릿속에 떠올랐지만 답은 쉽게 나오지 않았다. 그 순간 지호가 피식 웃더니 말했다.

"정부."

"응?"

"간단해. 정부야, 정부."

"정부라고?"

"응. 뭐, 뻔하지. 정부가 벤치 회사에서 사서 길가에 설치해둔 거야, 국민들을 위해서. 아닌가요, 형?"

지호가 자신 있는 목소리로 물었다. 이미 지호는 지금 하는 이야기도 아까 제경이 설명하던 '시장 실패'의 연장선이라는 사실을 눈치로 알아챘다.

"그래, 그게 정답이야. 그런데 네가 답을 맞히면 왠지 기분이 나빠."

"저도 맞히면서 썩 좋진 않아요."

"하여간 건방진 녀석. 어쨌든 '공공의 물건'은 정부가 기업을 대신해서 공급하지. 공공의 물건이란 한 사람이 소비해도 다른 사람이 같이 소비할 수 있으며, 대가를 지불하지 않더라도 쓸 수 있는 물건을 말해. 생각해봐, 이런 벤치. 음, 이 길에 벤치가 있으면 누구나 좋겠지? 하지만 돈을 안 내도 쓸 수 있는 물건이므로 사람들은 필요하다고 이야기하지 않아. 필요하다고 이야기하면 자신의 돈을 내야 하니까. 누군가 만들어주기는 기다리되, 자신의 돈은 들이지 않는 거라고 할 수 있지."

"그래서 어쩔 수 없이 정부가 대신 공급하는 건가요?"

"그래. 물론 국민의 세금을 이용하긴 하지만 말이야. 정부가 대신 나서는 이유는 시장에만 맡겨두면 공급이 되지 않기 때문이지. 사람들이 하나같이 원하지 않는 척하는데 어떤 기업이 이걸 공급하겠어? 돈도 받지 않고 말이야."

"그러니까 이것도 시장 실패다, 이거죠?"

지호가 다시 한 번 여유 있는 말투로 물었다. 제경이 살짝 웃으며 고개를 끄덕였다.

"그래, 그게 정답!"

"그런데 오빠, 궁금한 게 있어요."

"궁금한 거?"

"네. 시장이 실패해서 정부가 간섭을 한다고 했잖아요?"

"응, 그렇지."

목적지를 딱히 두지 않고 제경이 이끄는 대로 다시 걷기 시작했는데, 유리가 곰곰이 생각하던 문제를 꺼내 들었다.

"그럼 그 간섭하는 정부가 실패하는 경우는 없어요?"

"내가 이래서 너희 센스에 놀란다니까."

제경이 살짝 놀란 눈빛으로 대답했다. 그 순간 루나가 폴짝폴짝 뛰었다. 마치 자신도 놀랐다고 말하고 싶은 것처럼.

"덧붙여서 저 강아지의 영리함에도 놀라지, 내가."

"정부도 실패해요?"

"그야 당연하지. 세상에 실패하지 않는 존재가 어디 있겠어."

"어떤 경우가 있나요?"

"간섭이 지나쳐질 경우지. 부모님들이 너희한테 간섭을 심하게 하면 어떻게 돼? 완벽하게 성적이 나와?"

"오히려 떨어질 때도 있어요. 지나친 간섭에 억눌리다보면요."

유리가 한숨을 쉬며 대답했다.

"그래, 시장도 마찬가지야. 정부가 지나치게 간섭을 하며 이거 해라, 이거 하지 마라… 이러니까 창의적인 도전을 못하게 되는 거야. 또한 정부의 부정부패도 그런 경우야. 부패한 정부 탓에 시장도 손해를 보는 거지. 아무튼 다양한 경우로 정부도 실패해. 그러니까……."

"정부도 완벽하지 않다, 이거죠?"

지호가 피식 웃으며 제경의 말을 받았다. 제경이 고개를 끄덕였다, 중얼거리듯 한마디를 덧붙이면서.

"모든 건 적당해야 하는 법이거든."

"어라? 차가 되게 많은 곳이네요."

"중고차 시장이야."

"와, 괜찮은 차들도 많은 것 같아요."

"겉모습만 그렇지."

"네?"

제경이 비판적인 목소리로 말하자 들떠서 차를 살펴보던 유리가 이해할 수 없다는 듯 고개를 갸우뚱했다. 하지만 구경은 멈추지 않았다. 여러모로 예쁜 차도 많았고, 괜찮아 보이는 차도 눈에 들어왔기 때문이다. 유리와 달리 지호는 무슨 생각인지 제경의 옆에 서서 차를 쳐다보지도 않았다.

"넌 구경 안 해, 지호야?"

"어?"

"구경 안 하냐고? 남자들은 차 좋아하잖아."

"아… 좋아하긴 하는데, 난 제경 형 말에 찬성이야. 중고차 시장엔 겉모습만 번지르르한 게 워낙 많아서. 삼촌이 저번에 차를 사셨는데 얼마 안 돼 후회 작렬하셨거든."

"그렇구나."

유리가 지호의 말에 배시시 웃었다. 예상외로 길게 대답해준 지호가 고마웠기 때문이다. 그런 유리의 눈빛을 알아차렸는지 지호는 괜히 헛기침을 하며 고개를 돌렸다. 유리가 자신을 '지호'라고 부른 데 대해 별일 아닌 척 전혀 내색하지 않았지만, 지호는 이상하게 마음이 두근거렸다.

"차 보러 오셨습니까?"

그 순간 한 남자가 그들에게 다가왔다. 척 봐도 중고차 시장의 판매인임을 짐작할 수 있었다.

"아, 잠시 둘러보려고요. 차를 한 대 살까 해서요."

제경이 능청스럽게 받아쳤다. 제경에게 차를 살 생각 같은 건 전혀 없음을 아는 유리와 지호는 속으로만 웃었다.

"그럼 이걸 보시는 건 어떨까요? 이 차는⋯⋯."

"정보를 좀 제대로 주시면 안 될까요?"

"네?"

"알고 계신 정보요. 저희는 차들에 대해 전혀 모르는데 아저씨는 다 아시잖아요. 뭔가 불공평해서요. 겉보기만 그럴듯한 차를 우리에게 팔아넘길지도 모르는 일이잖아요. 그것도 무척 비싼 값에, 양심까지 속이고 말이에요."

"아, 아니, 어, 어떻게!"

그게 그 남자의 마지막 말이었다. 눈 깜빡할 사이에 그가 사라져버렸기 때문이다. 그가 사라진 자리에는 먼지만 잔뜩 쌓여 있었다.

"뭐, 뭐야? 이 사람이 경쟁자였어?"

"글쎄. 좋은 사람이 아니란 것쯤은 확실하겠지."

유리의 물음에 지호가 피식 웃으며 대답했다. 지호의 눈빛은 제경에게 향해 있었다, 어서 설명하라는 듯.

"대단한걸. 세 번째 스테이지는 쉽게 힌트를 주지 않을 생각이었는데, 너 너무 가볍게 풀어낸 거 아냐, 정지호 씨? 덕분에 세 번째 스테이지가 무척 시시해졌구나."

"경험담이에요. 하도 삼촌이 차 잘못 샀다고 저한테 후회를 늘어놓으셔서요. 뭐, 그리고 세 번째 스테이지가 시시하면 어때요. 어차피 기대한 건 갑자기 튀어나오는 경쟁자였거든요. 시시하긴 했지만 갑자기 튀어나오는 걸로는 성공이었잖아요."

"그렇구나. 음, 아무튼 지호의 말대로 한쪽은 정보를 많이 쥐고 있는 반면 다른 한쪽은 정보가 거의 없을 때, 즉 정보를 가진 정도가 불공평할 때, 정보를 조금 쥐고 있는 쪽이 바람직하지 않은 거래에 당할 수가 있지. 이걸 불리한 선택이라고 해. 한자 표현으로 조금 다른 말도 있지만, 우린 쉽게 하자고. 예를 들어 이런 중고차 시장에서 판매자들은 외관만 멀쩡한 차를 무척 좋은 물건인

양 속여 팔지. 소비자들은 불리한 선택을 한 셈이야, 정보가 없기 때문에."

"역시 21세기는 정보화 사회로군요! 정보를 많이 알수록 좋겠네요?"

유리가 눈을 반짝이며 묻자, 제경이 고개를 끄덕이며 말을 이어나갔다.

"음, 소비자들은 자꾸 속아서 안 좋은 물건을 비싼 돈 내고 사게 되니까 화가 나겠지? 그래서 결국 소비자들은 포기하고 차라리 값싸게 파는 물건을 사게 돼. 그러면 적어도 속고 사는 건 아니잖아. 이미 품질이 좋지 않다는 점을 알고 사는 거니까. 사실 똑같이 품질이 안 좋은 물건을 살 바에야 돈이라도 아끼는 편이 낫지 않겠어?"

"그렇죠."

"그러다보면 결국 그 수가 적긴 하지만 이런 시장에도 분명히 존재하는 비싼 진품은 수요가 없어지면서 공급도 사라지게 돼. 따라서 시장에는 결국 뭐만 남겠어?"

"싸구려들만요!"

"오케이. 그렇게 싸구려만 남은 시장을 레몬 시장이라고 해. 레몬은 미국에서 싸구려 상품을 가리키는 구어야."

"우리말로는요?"

"겉보기만 그럴듯할 때 쓰는 속담으로 뭐가 있지?"

제경의 물음에 잠시 생각을 하던 유리가 자신 있게 대답했다.

"빛 좋은 개살구요!"

"딩동댕. 따라서 이런 시장을 우리는 개살구 시장이라고도 부르지."

레몬이나 개살구라니. 미국이나 한국이나 종류는 달라도 어쨌거나 과일을 이용해서 표현하는구나 하는 생각에 유리는 웃음이 나왔다.

"자, 그럼 또 걸어볼까?"

"어라, 저 차 뭔가 수상하지 않아요? 운전이 너무 난폭해요!"

"겁도 없이 제멋대로 운전하네, 저 아저씨."

유리가 도로를 달려가는 한 대의 차를 가리키며 소리치자, 지호가 시니컬한 목소리로 중얼거렸다. 그러자 잠자코 그 차를 바라보던 제경이 손가락을 튕겼다. 그러자 그 차가 거짓말처럼 그들 앞에 멈춰 섰다.

"당신들, 뭐요?"

"아저씨야말로 뭐 하시는 거예요, 지금!"

"흥, 내가 뭘 어쨌다고? 너희야말로 멀쩡한 차를 왜 세우냔 말이야!"

"아저씨가 운전을 너무 험하게 했잖아요, 지금."

"난 상관없다고!"

어울리지 않게 콧수염을 기른 남자가 거만한 표정을 지으며 그들에게 대꾸했다. 그러자 유리가 앙칼진 목소리로 소리쳤다.

"그러다가 사고라도 나면 어쩌려고요!"

"흥. 그러든지 말든지."

"뭐, 뭐라고요?"

"난 보험에 가입해뒀다고. 사고가 나도 난 손해 볼 게 없으니 운전은 내키는 대로 하는 거야!"

"그, 그런……."

"그건 말도 안 돼요!"

"내 맘이라고. 할 말 끝났다면 난 가보겠어."

다시 차를 출발시키려는 듯 기어를 넣으며 남자가 심술궂게 웃었다. 그러면서 그는 한마디를 덧붙였다.

"멍청한 보험 회사 같으니라고. 난 원래 이런 운전을 즐기지만 지금까지 보험에 들기 위해 숨기고 있었지. 으하하. 이제 보험도 들었것다, 나는……."

"도덕적으로 못된 사람이네요, 아저씨는."

유리가 남자를 쏘아보며 외쳤다. 그러자 여유 있던 남자의 표정이 한순간에 일그러졌다. 그리고 잠시 뒤, 짧은 비명 소리가 들린 자리에는 먼지 더미가 쌓여 있었다.

"이, 이 아저씨도 경쟁자였어요?"

"그래. 아주 잘했어!"

"정말 못된 아저씨였어요. 그런데 제가 어떻게 이긴 건지는 모르겠는걸요?"

"'도덕적'이란 말을 썼기 때문이야. 이 사람이 도덕적으로 풀려 있다는 점을 네가 정확히 지적한 거지."

"도덕적으로 풀려 있다고요?"

"응, 자신이 운전을 험하게 한다는 정보를 숨겼지? 즉 아까 했던 말처럼 이번에도 정보는 불공평했어. 보험 회사와 이 남자 사이에서 말이야. 그 상황에서 이 남자는 보험에 가입한 뒤 자신의 책임을 다하지 않았잖아. 도덕적으로 옳지 못한 거지. 그걸 도덕적으로 풀려 있다거나 도덕적 해이라고 표현해."

제경의 설명에 유리와 지호 모두 고개를 끄덕였다. 자신의 책임을 다하지 못하는 일은 하지 않겠다고 굳게 다짐하는 듯 두 아이의 눈빛이 반짝이고 있었다.

"그런데 너희 그거 아니?"

"뭘요?"

"그 남자 말이야, 너희가 처음으로 먼저 시비를 붙인 경쟁자라는 걸."

"네? 아……."

그러고보니 그랬다. 그들이 먼저 수상한 차라고 지적했고, 제경의 도움을 빌리긴 했지만 어쨌거나 그들이 먼저 차를 세웠으니.

"지금까지 경쟁자들은 모두 너희에게 먼저 다가왔잖아. 그래서 당황한 적도 많고. 하지만 이젠 바뀐 거야! 그만큼 너희가 경제에 적극적이 되었단 소리지. 다시 말하면 자신감이 그만큼 생겼다는 의미야. 특히 원래 건방진 정지호 말고, 이유리 너."

제경의 말에 유리가 웃었다. 하지만 사실 유리 스스로도 알고 있었다. 첫 번째 스테이지에서는 경쟁자를 보는 순간, 겁을 내고 발만 동동 구르던 자신이 세 번째 스테이지까지 오는 동안 많이 달라져 있었다. 어느덧 자신 있게 먼저 도전을 하면서 당당히 맞서게 된 것이다. 한편으로 그만큼 경제에 대한 내공이 쌓여간다는 뜻이기도 했다.

"다 오빠 덕분이죠."

유리가 배시시 웃으면서 고마움을 전하자, 제경이 활짝 웃는 것으로 대답을 대신했다. 지호 역시 흐뭇한 미소를 띠었다. 모두가 기분 좋게 웃자, 루나도 기분이 좋은지 폴짝폴짝 뛰면서 꼬리를 살랑살랑 흔들었다. 그리고 잠시 뒤…….

"와, 진짜 예쁘네요."

그들의 웃음에 선물을 주듯 노을이 하늘을 예쁘게 물들였다.

그 순간 노을을 감상하느라 아무 말도 하지 않았지만 유리와 지호는 이미 알고 있었다. 어느덧 낯설기만 하던 이코노게임을 그들 스스로가 즐기고 있다는 사실을.

"자, 그럼 자러 가자! 내일의 마지막 스테이지를 위해서!"

세금의 역할

경제의 세 가지 주체는 가계, 기업, 정부다. 가계는 하나하나의 가정을 가리키고, 기업은 회사를 말한다. 모든 회사는 장사를 해서 이익을 남기는 것이 목적이다. 그런데 자기 이익을 남기기 위해서 의도했든 의도하지 않았든 본문에 등장한 공장처럼 남에게 피해를 끼칠 수 있다. 또 돈이 많이 남는 종류의 장사만 하다보니 정작 모두에게 필요한 부분에는 투자를 하지 않을 수도 있다. 이러한 불균형을 조절하고, 모두가 필요한 시설에 투자를 하기 위해 정부의 역할이 요구된다. 윤리적인 기업이 장사를 할 수 있게 하고, 도로나 항구, 공항과 같이 모두가 이용하는 시설을 만드는 것이 정부의 몫이다.

그럼 정부는 이 일을 무슨 돈으로 할까? 모두가 책임져야 하는 일이므로 돈을 걷는 방법밖에는 없다. 이것이 바로 세금이다. 돈을 많이 버는 사람에게는 많이 걷고, 돈을 못 버는 사람에게는 걷지 않는 것이 세금의 원칙이다. 가계를 꾸려나가는 개인과 장사를 하는 기업 모두가 세금을 내고 있다.

10

🐾

우리 가족 현명하게 소비하기

"어서 일어나!"

"으, 오빠. 좀만 더 자면……."

"안 돼. 드디어 파이널 스테이지란 말이야! 어서 일어나, 그러니까!"

제경이 아침 햇살에 반짝이는 싱그러운 웃음으로 그들을 깨웠다. 드디어 이코노게임의 마지막을 알리며. 유리와 지호는 졸린 눈을 비비며 기지개를 켰다. 마지막이란 말에 묘한 기분이 들었지만, 열심히 하겠다는 다짐만큼은 그대로였다.

"그래서 마지막 스테이지의 배경은 어디예요?"

유리가 잔뜩 기대하는 눈빛으로 대답을 재촉했지만, 제경은 그저 씩 웃을 뿐이었다.

"뭐예요, 오빠! 빨리 나무문 만들어주세요."

유리가 스테이지를 이동할 수 있는 문을 만들어달라며 귀여운 목소리로 다시 한 번 졸랐지만, 역시 제경의 반응은 미소뿐이었다. 그 미소에 유리가 고개를 갸우뚱했다. 제경의 표정을 가만히 살피던 지호가 피식 웃었다.

"설마 배경이 여기라는 건 아니죠?"

"오케이, 정답. 이제 눈치 완전 빨라졌구나, 너희? 특히 정지호 너. 넌 너무 예리해, 인간적으로."

"그걸 기대하고 입 꾹 닫고 있는 거 아니었어요?"

"거기까지 눈치 채주는 건 센스가 아니라고!"

제경이 씽긋 웃으며 윙크를 보냈다. 그러고 나서 자신의 팔에 안겨 있는 루나를 가볍게 쓰다듬으며 다시 말했다.

"지호 말대로 여기가 배경이야. 그렇게 이해 안 간다는 눈빛 보내지 마. '파이널 스테이지 — 가정'이란 말이지."

"집에서 뭘 할 수 있는데요?"

유리가 두리번거리며 의아하다는 듯 물었다. 평범한 집처럼 보이는 곳에서 진행할 수 있는 게임은 딱히 눈에 띄지 않았기 때문이다.

"집에서 할 생각은 없는데."

"네?"

"가정이라고 했잖아. 가정의 출발이 집이기 때문에 여기라고 한 거야, 곧 외출할 거라고!"

"아… 그런 거였어요?"

"응. 하지만 그냥 외출일 뿐 나무문을 만들 일은 없을 거야, 아마도."

제경이 다시 한 번 씽긋 웃었다. 그리고 곧 가볍게 손가락을 두 번 튕겼다. 아이들은 무슨 일이 일어날까 호기심 가득한 눈빛으로 제경을 바라보았지만, 예상외로 눈에 보이는 변화는 하나도 없었다.

"자, 그럼 가정이라는 현실감 극대화를 위해 약간의 변화를 줘 볼까?"

"방금 전에는 뭘 한 건데요?"

"그건 이따가 알려줄게. 자, 먼저 까칠한 남편, 정지호."

지호의 앞에서 제경이 손가락을 튕기자 눈 깜빡할 사이에 지호의 옷차림이 바뀌어 있었다. '아빠'라는 단어를 증명이라도 하듯 말끔한 정장 차림이었다. 와이셔츠부터 시작해서 구두와 넥타이까지 완벽히 갖춰진 무척이나 세련된 스타일의 정장이었다. 지호가 살짝 눈살을 찌푸렸다. 가끔 모임 나갈 때 입어보긴 했지만, 그다지 좋아하는 스타일은 아니었기 때문이다. 반면 그런 지호를 바라보는 유리는 정말 멋있다고 생각하며 자신도 모르게 웃고 있었다.

"활발한 부인, 이유리."

제경의 손가락이 유리 앞에서 한 번 더 튕겨졌다. 금세 유리의 옷차림도 변했다. 훨씬 여성스러운 원피스가 본인도 적응이 안 되는 듯 유리는 놀란 표정으로 몇 번이고 자신의 옷을 내려다보았다. 가만히 그 모습을 지켜보던 지호는 아무도 모르게 피식 웃었다.

"그러니까 나랑 얘랑 부부다, 이 말이죠?"

"그렇지."

"네? 아, 아니, 그, 그건……."

갑작스런 지호의 말에 유리가 화들짝 놀라 손사래를 치며 당황했지만, 지호는 아무렇지도 않은 표정이었다. 그러더니 유리에게만 들릴 만한 목소리로 조용히 속삭였다.

"뭐 어때, 하루쯤은 연극해도 재미있을 것 같잖아."

지호의 말에 유리는 부끄러웠는지 고개를 푹 숙였다. 지호는 귀까지 새빨개진 유리가 평소와 달리 예뻐 보였다. 원피스 때문일까, 아니면 부부로 연극을 하기로 했기 때문일까, 아니면 또 다른 이유였을까? 그 이유는 정확히 몰랐지만 지호에게 그 순간 유일하게 분명한 점은 정말로 자신의 눈에 유리가 예뻐 보인다는 사실, 그뿐이었다. 제경은 그런 두 사람을 보더니 활짝 웃으며 다음 말을 이어나갔다.

"자, 그럼 이제 출발해볼까? 아 참, 그리고 넌 동네 강아지. 자, 그럼 한 가족 플러스 그 이웃, 다 같이 출발해볼까요?"

동네 강아지란 말이 마음에 안 들었는지 루나는 뚱한 표정으로 제경을 쏘아보았고, 제경은 농담이라는 듯 루나를 쓰다듬어주었다. 잠시 뒤, 제경의 손이 문을 활짝 열어젖혔다. 이코노게임의 마지막 스테이지, 그 본격적인 시작이었다.

"아까 손가락 두 번 튕긴 거, 이거예요?"

"응?"

"이거냐고요?"

"아… 응."

문을 열고 나오자 그들 눈에는 너무나도 평범한 거리가 들어왔다. 정말 집 문을 열고 나가면 있을 법한, 다양한 상점들도 있고 저 멀리 백화점도 보이는 아주 평범한 거리. 어젯밤에는 결코 안 보이던 이런 바깥 풍경은 제경의 마법이 분명했다.

"지금부터 너희랑 쇼핑을 할 거야."

"쇼핑이요?"

"응, 쇼핑!"

"갑자기 웬……."

"재미있잖아. 마지막 추억 정도?"

"아, 아니 그래도… 마지막 스테이지는 온통 쇼핑인가요?"

"응. 아, 남자들은 쇼핑 싫어하지?"

지호의 찌푸린 얼굴을 발견한 제경이 약 올리듯 웃으며 말했다. 반면 유리는 쇼핑이라는 말에 벌써 들뜬 듯 뭘 살지 생각하느라 바빴다. 제경이 씩 웃었다.

"그래도 하는 수 없어. 유리가 저렇게 좋아하는데. 남편으로서 책임을 다해봐. 안 그러면 유리는 내가 뺏어갈 테니까."

"마지막 스테이지의 경쟁자는요? 이번에도 예고 없이 등장하나요? 아니면 인제경 씨, 당신?"

쇼핑보다는 게임에 관심이 많은 지호는 날카로운 눈빛으로 물었다. 그 말에 제경이 고개를 저었다.

"뭐, 그러고 싶은데 아쉽게도 난 아니야. 내가 아니어도 마지막 스테이지에선 물리쳐야 할 경쟁자가 있으니까."

"마지막에 제대로 붙어보고 싶었는데 아쉽네요."

지호가 제경의 말에 고개를 끄덕이며 나지막한 목소리로 중얼거렸다.

"뭘 살 건데요?"

"이것저것. 하지만 사기 전에 너희한테 꼭 해줄 이야기가 있지."

"뭔데요?"

"소비는 합리적으로 해야 한다는 거야."

"그야 당연하죠."

"음, 그렇다면 너흰 어떻게 해야 합리적으로 소비한다고 생각하니?"

화려한 백화점을 구경할 정신도 없이 두 사람은 제경의 말을 듣고 고민에 빠졌다. 당연히 합리적으로 소비해야 한다는 것은 알면서도 막상 '어떻게'라는 물음에 대답할 말을 쉽게 생각해낼 수 없었던 것이다.

"벌어들인 돈은 소비하거나 저축하거나, 둘 중에 하나가 되겠지?"

"그렇죠."

"저축을 통해서 얻을 수 있는 만족과 소비를 통해서 얻을 수 있는 만족이 최대가 될 때 합리적인 소비야."

"그래요?"

"응. 벌어들인 돈으로 미래에 대비해서 적당한 금액의 저축을 결정하고, 남은 돈으로 적절히 소비해서 만족을 최고로 누려라, 이 말이지."

"그 말은 무조건 저축을 많이 한다고 최고가 아니란 말도 되나요?"

가만히 그 말을 듣고 있던 유리가 호기심을 참지 못하고 물었다. 제경이 놀란 눈빛으로 유리를 보더니 고개를 끄덕였다.

"요즘 너희 눈치에 내가 두 손 두 발 다 들 지경이다, 진짜. 그래, 유리 말이 맞아. 미래를 위한 저축도 중요하지만 현재의 만족을 위한 소비도 중요한 거니까."

"그러니까 오빠가 하고 싶은 말은 이번 스테이지에서 합리적 소비를 하자, 이거예요?"

"대충 그렇지."

유리의 말에 제경이 씽긋 웃으며 대답했다. 그 순간 루나가 답답한 듯 제경의 팔에서 뛰어내려 어슬렁어슬렁 백화점 안쪽으로 걸어가기 시작했다.

"안 잡아도 돼요?"

"걱정 마. 괜찮을 거야."

"그런데요, 오빠. 합리적 소비를 하려면 저축할 금액도 정해야 하는데 우리는 그런 거……."

"적당한 저축은 내가 해뒀어. 다시 말해 지금 너희가 신경 써야 할 건 이제 소비뿐이란 뜻이야. 아, 한 가지 더!"

"또 있어요?"

"응, 아무리 개인적으로 만족하더라도 사회적으로 옳지 못하면 안 돼. 이를테면 마약 소비 같은 거! 그런 건 내가 아무리 좋더라도 하면 안 된다고."

제경이 중요하다는 듯 힘주어 말하자 두 사람이 웃으며 고개를 끄덕였다. 아이들의 웃음에 제경도 다시 씩 웃었다.

"자, 그럼 우리도 루나를 따라 소비하러 가볼까?"

제경이 말을 마침과 동시에 유리가 예쁜 모자를 하나 집어 들었다. 조심스럽게 써본 유리가 지호와 제경을 향해 물었다.

"괜찮아요? 어때?"

"예뻐."

예상치 못한 대답은 지호에게 나왔다. 톤이라곤 전혀 없는 단조로운 말투였지만, 지호라는 이유 하나만으로도 유리는 설레었다.

"결국 샀네."

"안 그래도 모자 하나 사고 싶었거든요."

모자를 산 또 다른 이유는 물론 지호가 했던 말 때문이지만, 유리는 그 이유를 마음속에만 담아두었다. 그것까지 밝히면 너무 부끄러워질 것 같아서였다. 하지만 제경은 이미 알고 있었다. 그래서였을까, 제경이 슬쩍 입을 삐죽였다.

그 순간 문득 유리와 지호의 귀에 두 여인의 목소리가 들려왔

고, 호기심이 든 아이들은 그 자리에 멈춰 섰다.

"이건 광고에서 너무 좋다고 했으니 분명 좋은 상품이겠지?"

"응, 그럴 거야. 톱스타가 광고하는데 좋아 보이더라고."

두 여인은 친구 사이로 보이는 평범한 대학생들이었다. 그들의 손에는 샴푸가 들려 있었는데, 아이들도 광고를 통해 많이 본 유명 브랜드의 신제품이었다.

"어머, 너희도 이거 사려고? 이게 광고에서 진짜 좋다고……."

"우린 살 생각 없는데요?"

갑자기 한 대학생의 말을 단칼에 자른 건 지호였다. 지호는 무표정이었지만, 눈빛만큼은 날카로웠다. 조금 무안했는지 그 대학생이 사과를 해왔다.

"아, 그래? 미, 미안하구나."

"그건 그렇고, 그거 사시게요?"

"응. 이게 광고에서 정말……."

"되게 웃기게 돈 쓰신다, 누나들."

"뭐?"

"직접 판단하셔야죠. 기업 광고가 얼마나 과장돼 있는지 안 배우셨어요? 기업 광고에 따라 물건을 사는 사람이 어디 있습……."

지호가 말을 다 마치기도 전에 펑 소리가 났다. 그리고 잠시 뒤, 아이들의 눈에는 바닥에 덩그러니 놓인 샴푸와 수북이 쌓인 먼지가 보였다.

"이거였어요?"

"응?"

"경쟁자들이 언제 어떻게 나올지 모른다고 그랬잖아요. 그러니까 이게 그런 거냐고요?"

"아, 뭐, 그런 듯하네? 아마도 너흰……."

"비합리적인 소비자를 잡아내라는 거죠?"

"정지호, 아무리 생각해도 눈치 너무 빨라, 너."

지호가 피식 웃었다. 비합리적인 소비자들을 잡아내라니, 몇 명인지도 모르는데 너무 막연한 거 아닌가 싶었다. 하지만 이내 반드시 이기겠다고 다짐했다.

"이 사람이 비합리적으로 소비한 거예요? 솔직히 바람직하지 않다는 생각은 들었지만……."

"의존 효과라고 해. 소비자들이 스스로 판단하지 않고 광고에 의존한다고 해서 붙여진 이름이지. 비합리적 소비의 대표적인 사례야."

"자, 그럼 가죠. 비합리적 소비자들 잡으러."

지호가 제경을 닮은 웃음을 지어 보이며 재촉했다.

"흥. 이런 옷을 사 입는다면 사람들이 날 우러러보겠지? 게다가 가격도 올랐다니! 저번엔 너무 싼 듯해서 안 샀는데, 이젠 나만 살 수 있을 거야."

옷 가게에서 들려오는 소리에 두 아이의 눈길이 가게 안쪽으로 향했다. 욕심 많게 생긴 한 부인이 한눈에도 비싸 보이는 명품 브랜드 옷을 걸친 채 거울을 보며 웃고 있었다.

"저, 아주머니."

"뭐냐, 넌?"

유리가 조심스럽게 다가가자, 그 부인이 앙칼진 목소리로 쏘아붙였다. 유리가 살짝 주눅 들었는지 한 발짝 뒤로 물러섰다. 지호는 팔짱을 낀 채 이번엔 나서지 않겠다는 듯 매장 바깥쪽 복도만 바라보았다.

"그렇게 소비하는 건 별로지 않을까요?"

"뭐야?"

"남한테 보이고 싶어서 하는 소비는 좋지 않은 것 같아서요."

"흥, 너 같은 게… 아악!"

날카로운 비명 소리가 허공을 갈랐다. 유리가 눈을 질끈 감았다.

"이제 눈 떠도 돼. 끝났어."

어느새 다가온 지호가 잘했다는 듯 유리의 어깨를 툭툭 치며 말했다. 유리가 조심스럽게 눈을 뜨자, 그곳에는 예상대로 옷과 먼지 더미만 남아 있었다.

"수요 얘기를 할 때 나온 그거죠? 자랑 소비요."

"응. 그것 역시 바람직하지 않은 소비의 대표적인 사례야. 자, 그럼 또 다른 적을 향해 가볼까?"

"그거 좋죠."

승부욕이 발동한 지호가 웃으면서 대답했다. 어느덧 백화점 구경과 쇼핑은 두 아이의 머릿속에서 사라진 지 오래였다. 이코노게임의 마지막 스테이지와 그 성공적인 끝마침, 그들의 목표는 그뿐이었다.

"이게 바로 요즘 최신 유행하는 스타일입니다! 가장 많은 소비자들이 구입한 최신 유행 신발! 여러분도 다른 소비자들에 뒤처지지 마십시오."

멀리서 들려오는 신발 광고에 유리와 지호가 빠르게 달려갔다. 확실하지는 않지만 뭔가 있을 것 같았기 때문이다. 제경은 달려가는 두 아이의 뒷모습을 가만히 바라보더니 루나를 데리고 여유 있게 걸었다. 그의 표정은 좀처럼 읽기 어려웠지만, 한 가지 분명한 것은 왠지 쓸쓸해 보인다는 사실이었다.

"그러고 보니 내 친구들도 저 신발을 다 가지고 있었어. 그러니까 나도 사야 할 것 같아."

"주위에 저 신발 없는 사람이 없더군. 유행에 뒤처지긴 싫으니까 나도 사겠어.”

젊은 두 청년이 광고가 요란한 신발 가게 앞에서 중얼거리고 있는 모습이 두 아이의 눈에 띄었다. 잠시 숨을 돌린 아이들이 그들에게 다가갔다.

“유행에 뒤처지기 싫어서 산다고요?”

“너, 너흰 뭐냐? 어이, 꼬맹이들, 어른들 하는 일에 끼어들지 말고…….”

“정말 사고 싶어서 사는 것 맞으세요?”

“그야 유행에 뒤처지면 쪽팔리니까…….”

“남들 따라 상품을 사면 좋아요?”

“아니, 이 꼬맹이들이!”

“친구 따라 강남 가는 거잖아요, 그거.”

유리와 지호가 번갈아 한마디씩 쏘아붙이고, 마지막 마무리는 깔끔하게 지호가 끝냈다. 지호의 한마디를 끝으로 그들은 두 아이의 눈앞에서 소리도 없이 사라져버렸다. 역시 그들이 들고 있던 ‘최신 유행’ 신발만이 먼지 위에 덩그러니 남아 있었다.

“흠, 솔직히 확신하고 찌른 건 아니었는데 맞혔네요. 이건 무슨 경우예요?”

“너희 말대로 친구 따라 강남 가는 경우. 남들 사니까 나도 산다는 식? 정말 내가 원하지 않아도 그렇게 소비하게 되는 경우가 우리 주위에 종종 있는데, 정말 안 좋은 소비지."

"뭐라고 해요?"

"모방 소비라고 불러. 남들 따라 하는 거니까."

제경이 씽긋 웃었다. 어느덧 멋지게 퀘스트를 해결해내는 두 아이가 한없이 자랑스러웠다. 루나 역시 기쁘다는 듯 꼬리를 살랑살랑 흔들며 아이들의 주위를 맴돌고 있었다.

"그럼 또 이동……."

"아, 이젠 안 해도 돼."

"네?"

"이번 스테이지의 대결은 대충 끝난 모양이니까 이제 안 해도 된다고. 처음에 말한 대로 다 같이 쇼핑이나 즐기자. 유리 모자 말고는 우리 산 물건이 없잖아?"

그 말에 유리가 활짝 웃었다. 지호는 못마땅한 표정을 지었지만, '같이' 하는 거니까 하는 마음으로 이내 웃어버렸다.

이코노게임을 통해 그들이 배워온 것은 경제뿐만 아니었다. 그들이 배운 또 다른 보물은 바로 우정이었다. 조금 더 깊이 보면 사랑이기도 했다. 물론 두 사람은 서로 느끼지 못하고 있었지만.

"이거 예쁜데."

한 매장에서 벨트를 보던 유리는 마음에 쏙 드는 물건을 찾았는지 지호에게 덜컥 사겠다고 이야기했다. 하지만 지호는 표정을 찌푸린 채 고개를 저었다.

"진짜 아니야. 무엇보다 너 그거 실용성도 없고, 사겠다는 계획도 없었잖아. 무계획적으로 산 건 모자 하나로 충분해, 이유리."

"그래도 예쁘잖아!"

"딱히 필요한 것도 아니잖아. 어차피 교복 입는 시간이 대부분인데 언제 그런 화려한 벨트를 하려고. 결국 필요하지도 않은 물건을 계획도 없이 사겠다는 말인데, 너 그거 되게 비합리적인 소비야, 알아?"

지호가 유리의 손에서 벨트를 낚아채며 말했다. 그러자 유리가 입술을 삐죽이며 뒤편에서 그들을 바라보고 서 있는 제경에게 시선을 보냈다, 도와달라는 듯. 하지만 웃으면서 두 사람 사이에 끼어든 제경은 유리의 편을 들어주지 않았다.

"지호 말이 맞아. 그렇게 계획도 없이 필요하지 않은 물건을 단순히 디자인 같은 데 끌려 사는 건 비합리적인 소비야. 충동구매라고 부르는 바로 그것!"

"하, 하지만……."

"무슨 하지만이야."

지호가 피식 웃으며 유리의 머리에 가볍게 꿀밤을 먹였다. 살짝 놀란 유리가 눈을 동그랗게 떴지만, 지호는 짓궂은 웃음으로 모른 척 고개를 돌려버렸다.

"야, 정지호. 너⋯⋯."

"응? 아, 그러고 보니 넌 왜 안 변해, 재로?"

"뭐⋯⋯?"

"너 분명히 비합리적 소비를 했잖아. 훠이훠이, 어서 변해라!"

평소에는 절대 볼 수 없는 지호의 장난스러운 말투와 미소에 유리는 자신이 맞았다는 사실도 잊어버린 채 멍하니 지호만 바라볼 뿐이었다.

"나 좋아한댔지?"

"응?"

"네가 모르는 내 모습이 이렇게나 많아. 그런데도 좋아?"

지호가 아무도 모르게 유리의 귀에 속삭였다. 아니, 제경은 알면서도 모르는 척 뒷짐 진 채 뒤돌아 서 있었다. 조금은 쓸쓸해 보이는 얼굴로 어쩔 수 없다는 듯 어깨를 으쓱해 보이면서.

"아, 아니 그게⋯⋯."

"음, 뭐, 나도 네가 좋아. 아직은 친구지만, 사람은 변하는 법이니까."

지호의 마지막 한마디에 유리는 얼굴이 새빨갛게 달아올랐다.

"자, 이 정도면 이코노게임을 성공적으로 통과한 것 같은데?"

귀까지 새빨개진 유리와 장난스럽게 웃고 있는 지호를 불러 모은 제경이 루나를 가볍게 끌어안으며 말했다.

"음, 이제 너흰 현명한 경제인이라고 해도 손색이 없어. 모든 경쟁자도 물리쳤고, 스테이지도 완전 클리어했고."

정말 '마지막'을 알리는 듯한 제경의 말에 두 아이는 눈을 동그랗게 떴다.

"이, 이제 끝이에요? 진짜요?"

아쉬움이 가득 묻어나는 유리의 물음에 제경은 말없이 빙그레 웃으며 고개만 끄덕였다. 아쉬운 건 유리와 지호뿐만이 아니었다. 제경도 그랬고, 루나도 그랬다. 두 아이의 표정이 한순간에 어두워졌다. 제경이 씩 웃어보였다.

지호가 무슨 말이라도 해야 할 것 같아 입을 떼려는 순간, 제경이 손가락을 튕겼다. 그리고 잠시 뒤, 그 공간은 온통 빛으로 가득 찼고, 도저히 눈을 뜰 수 없을 만큼 밝은 빛 속에서 두 아이는 자신들도 모르게 스르르 정신을 잃고 털썩 쓰러졌다.

남의 돈을 쓰는 소비

합리적 소비는 자기가 버는 돈에서 미래를 위한 저축을 빼고 적절하게 쓰는 것이다. 그런데 저축은커녕 남의 돈을 빌려서 쓰는 경우가 있다. 바로 신용카드가 그것이다.

신용카드를 사용하는 일은, 내가 지금은 돈이 없지만 카드 회사에서 돈을 대신 내주면 다음 달에 갚겠다고 약속하는 것이다. 즉 외상이다. 현재 가진 돈을 현명하게 소비하기도 어려운데, 외상까지 사용한다면 갈수록 더 어려워질 것이다. 다음 달에 사용할 돈을 이번 달에 미리 써버려서 다음 달에는 돈이 더 부족해지기 때문이다. 처음에는 몇 만 원, 몇 십만 원으로 시작했다가 점점 더 부족해져서 나중에는 몇 천만 원으로 카드빚이 늘어나는 이유가 여기에 있다.

신용카드는 남의 돈이다. 합리적 소비를 위해서는 신용카드를 신중히 사용해야 한다.

11

🐾

이코노게임, 그리고 인제경

"신개념 컴퓨터 게임 이코노게임의 제작 발표회에 오신 여러 분 모두를 환영합니다!"

"으… 이, 이게 무슨 소리지?"

"여긴 또 어디야?"

크게 울려 퍼지는 소리에 겨우 정신을 차린 유리와 지호는 새로운 공간을 둘레둘레 살폈지만 낯설기 그지없었다. 그 순간……!

"여기 말이야, 그 방 같은데?"

"그 방이라니?"

"우리가 사흘 전에 강아지를 따라왔던 그 방 말이야. 봐, 저기 나무문도 있고, 그리고 저쪽에 걸려 있는 건 내 짐작이 맞는다면……."

"… 초원 사진이네."

지호의 말에 쏜살같이 복도를 따라 달려간 유리가 믿을 수 없다는 듯 고개를 설레설레 저으며 중얼거렸다. 자신들이 처음으로 들어갔던 이코노게임 튜터리얼의 배경과 똑같은 사진이었다.

"도대체 뭐가 어떻게 된 거지? 우리 꿈이라도 꾼 거야?"

"설마, 꿈을 둘이서 똑같이 꿀 순 없잖아."

지호가 살짝 떨리는 목소리로 소리쳤다. 공포 영화도 아니고, 지금 겪고 있는 상황이 현실이란 사실을 믿을 수 없는 유리는 겁에 질려 있었다. 유일하게 의지하던 제경도 보이지 않는 지금, 무엇을 어찌해야 할지 전혀 알 수가 없었다.

"그땐 깜깜해서 하나도 안 보였는데 지금은 보이네, 저 컴퓨터."

"응."

어느새 태연해진 지호가 피식 웃으며 방 한쪽 구석에 놓인 컴퓨터 앞에 앉았다. 하지만 할 수 있는 일은 아무것도 없었다. 오랜 시간 부팅해둔 탓인지 스크린 세이버가 작동되고 있었는데, 암호를 입력하지 않고는 해제할 도리가 없었기 때문이다.

"분명히 이 컴퓨터에 수수께끼의 해답이 있을 것 같은데……."

"그나저나 어디 갔어?"

"응? 뭐가?"

"루나 말이야. 어디 갔어? 제경 오빠도 안 보이고. 뭐야, 이거 진짜?"

유리가 눈을 동그랗게 뜨고 두리번거리며 물었다. 제경과 루나가
동시에 사라져버린 것이었다. 마지막 스테이지라고 했으니 게임은
끝났을 텐데, 엔딩이 이런 거면 정말 이상하다 싶은 유리였다.

"오케이."

"응? 암호 풀었어?"

"아니, 그건 아니지만 수수께끼의 해답쯤은 알겠어."

"뭐? 뭔데?"

"루나, 그 강아지."

"내 강아지가 왜? 찾았어?"

"아니, 여기 봐."

지호가 살짝 거만한 웃음을 띠고 키보드를 가리켰다. 그의 손
가락이 향한 곳은 엔터 키였다. 그리고 거기엔…….

"루나!"

"뭐, 다른 강아지일지도 모르지만 정황상 루나라고 생각하는
게 제일 맞는 거 같다. 결국 우리도 뭔지 모르는 무언가를 실행시
킨 거라고 볼 수 있겠지, 그 강아지가."

그 엔터 키 위에는 흐릿하지만 알아보는 데는 전혀 지장 없는
루나의 발자국이 찍혀 있었다. 지호가 다시 한 번 피식 웃었다.

"아무래도 이코노게임을 실행시켰을 가능성이 가장 높은데 말

이지."

"하지만……."

"뭐, 내가 알아낼 수 있는 건 여기까지. 난 홈즈가 아니니까."

지호가 손깍지를 끼고 기지개를 켜더니 자리에서 일어났다. 일단 여기에서 나가고 보자는 듯 지호는 문 쪽을 향해 말없이 걸었다. 초원이던 곳에 사진뿐이라면, 안 열리던 저 문도 바뀌었으리라 생각했기 때문이다.

나무문은 지호의 손에 너무 손쉽게도 활짝 열렸다. 밖은 그때와는 전혀 딴판으로 아주 밝았다. 아무것도 문제 될 것이 없었다. 문도 열렸고, 밖도 밝고. 이제 나가면 그뿐이다.

그때 바깥쪽에서 서류를 잔뜩 들고 걸어가던 사람들 중 하나가 유리와 지호를 발견하고, 놀란 표정으로 손에 든 것을 떨어뜨렸다. 그리고 두 아이에게 사람들이 모여들었다.

"아니, 너희는 뭐 하는 애들이지? 어떻게 거기서……."

"말, 말도 안 돼!"

"혹시 저 컴퓨터를 실행시켰니?"

유리와 지호는 숨 쉴 틈도 없이 쏟아내는 사람들의 질문에 어안이 벙벙했다. 자신들이 묻고 싶은 말이었다, 도대체 여기는 뭐 하는 곳이냐고.

"어떻게 들어갔지? 응?"

"저기요, 아저씨들."

"응?"

"도대체 여기 뭐 하는 데예요?"

"뭐 하는 곳이긴! 컴퓨터 게임 개발 회사잖니. 도대체 너흰 회사 구석에서 뭘 하고……."

"오늘이 무슨 요일인데요?"

"오늘은 토요일이지. 너희 무슨 엉뚱한……."

"말, 말도 안 돼!"

유리가 고개를 마구 저었다. 토요일이라니! 아이들이 여기에 들어온 그날도 토요일이었다. 분명 이틀이 지나 있어야 맞는데, 그냥 토요일이라니! 남은 결론은 게임 속이라 시간이 다르게 흘러갔다는 것 하나뿐이었지만, 쉽게 받아들이기에는 무언가 기분이 묘했다.

"저 컴퓨터에 이코노게임 깔려 있는 거 맞죠?"

잠자코 있던 지호가 삐딱하게 물었다. 변했다고는 하나, 어디까지나 친한 사람들에게만 해당되는 말이었다. 성격이 단번에 변할 리는 없었으니까.

"아니, 그러니까 그걸……."

"우린 초대장 받고 왔습니다. 필요하시다면 메일을 보여드릴 수도 있으니까 저 컴퓨터 암호나 해제해주시죠."

"그렇다면 발표회장으로 가야지 왜 여기 있는 거지? 설마 미리 실행해본 건 아니겠지?"

"고의는 아니지만 대략 그런 것 같네요."

유리가 차분한 목소리로 대답했다. 미리 실행해볼 생각 따위는 없었다. 어떻게 된 일인지는 모르겠지만 루나가 실행시킨 것이 분명했고, 그들은 '파이널 스테이지'까지 전부 끝마쳤다. 이해는 할 수 없었지만, 그게 유일한 사실이었다.

"그게 무슨……!"

"산업 스파이는 아니니까 의심하지 마세요. 중학생을 산업 스파이로 모는 건 좀 그렇잖아요?"

어른들의 의중을 눈치 챈 듯 지호가 살짝 빈정거리는 말투로 응수했다. 그러자 그들의 표정이 붉게 달아올랐다.

"그래, 그래. 스파이라고 생각하진 않아, 않는데……."

"지금이 몇 시죠?"

"정오를 15분쯤 지났구나. 발표회는 정오에 시작되었어."

그 말에 지호와 유리 중 누구 하나 내색하지는 않았지만 이미 이상하다는 것을 눈치 챘다. 자신들이 받은 초대장에는 분명히 오전 9시라고 쓰여 있었기 때문이다.

"그럼 어서 발표회장으로 가보거라."

발표회장의 위치를 손가락으로 가리키며 한 남자가 말했다. 두 아이는 고개를 꾸벅 숙이고 그쪽을 향해 걸었다. 어찌 된 일인지 100퍼센트 확실히 알 수 있을 것 같진 않았지만, 아무튼 수수께끼의 해답을 찾으려면 그 편이 유일한 선택인 듯했기 때문이다.

"아, 그런데 너희……."

한 남자가 머뭇거리며 그들을 부르자 아이들은 급한 걸음을 잠시 멈춰 세웠다.

"게임을 해봤다고 했지?"

"네. 아마도요."

"감상평을 물으실 거라면 나중에요. 저흰 지금……."

"그게 아니라, 아무렇지도 않았는지 묻고 싶은 거란다."

"네? 뭐가요?"

"그게 말이다, 오전에 우리가 게임에서 치명적인 버그를 발견했기 때문에……."

"버그라뇨?"

지호가 눈을 치켜뜨며 물었다. 적어도 자신들이 했던 게임에서 버그가 있다는 느낌은 받지 못했기 때문이다.

"컴퓨터의 기술적 오류 말이다. 오늘이 발표회 날인데, 어제까지만 해도 멀쩡하던 게 갑자기 아침에 버그가 보이더라고. 그걸 지금 막 수정하고 겨우겨우 발표회를 시작하려던 참이거든. 그런데 너희가 먼저 플레이했다면……."

"무슨 버그였는데요?"

"그, 그건 나도 기술팀이 아니라 잘은……."

"저희가 하는 데는 크게 지장 없었어요."

"그러니? 그럼 됐다. 가보렴."

두 아이는 다시 고개를 꾸벅 숙여 인사를 하고 발표회장으로 달려가기 시작했다.

"그러고 보니 새로운 캐릭터가 생겼는데, 그건 도저히 못 지운다던데……."

등 뒤에서 들려오는 한 남자의 중얼거림에 놀라움을 감추지 못하면서.

"하얀 말티즈 강아지라고 했지, 아마……."

발표회장에 간신히 들어선 두 아이는 각자 다른 포즈로 숨을 돌리고 있었다. 그때 갑자기 유리가 크게 소리쳤다.

"헉, 헉… 말, 말도 안 돼."

유리는 고개를 설레설레 저으며 뒤로 한 발짝 물러났다. 웬만해선 감정을 잘 드러내지 않는 지호조차도 이번만큼은 놀랐는지 입을 딱 벌리고 있었다. 그들이 놀란 이유는 바로 발표회장에 있는 사람들 모두가 하나같이 낯익은 얼굴들이었기 때문이다.

"저 사람 그때 매석했던 사람이잖아."

"저 아저씨는 우리한테 중고차를 팔려고 했던 사람이고."

모두가 게임 속에서 만난 인물들이었다. 단순히 지나가는 캐릭터도 있었지만, 역시 유리와 지호의 눈에는 자신들과의 경쟁에서 진 다음 재가 되어버린 사람들이 인상 깊게 다가왔다.

"뭐야, 재가 된 게 아니었어?"

"사람들이 재가 되지 않은 건 다행이지만, 정말 뭔가 이상해, 이거."

유리가 고개를 설레설레 저었다. 지호는 겁이 나지 않는지 용기 있게 앞으로 발걸음을 뗐다. 그러다가 어느 한 여성과 부딪쳤는데…….

"죄송합니다."

"아니야, 얘야. 다치진 않았지?"

"네? 아, 네."

천하의 정지호를 얼떨떨하게 만들어버린 장본인은 뚱뚱한 부인이었다. 극장의 이익을 늘려달라고 그들에게 도전장을 내밀었던, 부담스러울 정도로 곱슬곱슬한 파마머리에 온몸을 보석으로 치장한 욕심 많게 생긴, 목소리 또한 하이톤이라 완전 마녀를 떠올리게 만들었던 바로 그 부인. 겉모습은 그대로인데 성격은 완전 딴판이었다. 미소를 지어주고는 다시 자신의 갈 길을 가는 그녀의 뒷모습을 지호는 멍한 표정으로 바라보며 서 있었다.

"저 사람들은 우릴 모, 모르는 거야?"

"그런 거 같은데? 야, 정지호. 정신 차려봐."

"와, 어색함에 소름 돋은 거 봐, 나. 진짜 이거 뭐냐, 도대체."

지호가 도저히 어색함을 견디지 못하겠다는 듯 몸을 부르르 떨면서 중얼거렸다. 처음 보는 지호의 모습에 유리는 씩 웃었다. 지호의 인간적인 면은 보면 볼수록 끌리는 느낌이었다.

"아무튼 가보자."

"제일 앞까지 왔는데, 이제 뭘 어쩌지?"

"쉿. 스크린 내려오는 거 보니까 이제 실행하려나 봐."

발표회의 사회자가 아무 말 없이 버튼을 누르자 컴퓨터 화면이 대형 스크린에 나타났다. 그러자 그는 큰 소리로 외치면서 또 한 번 버튼을 눌렀다.

"지금부터 이코노게임을 실행해보겠습니다. 다들 즐겨주십시오. 재미있는 21세기 신개념 게임이 될 것입니다."

잠시 뒤 스크린에 게임의 초기 화면이 떠오르자 사람들은 우레와 같은 박수를 보냈지만, 두 아이는 믿기지 않는 사실에 경악할 수밖에 없었다.

"인, 인제경!"

"저, 저거 루나 아냐?"

"어이, 꼬맹이들. 조용히 좀 해!"

두 아이가 소리치자 사람들이 얼굴을 찌푸리며 조용히 시켰다. 아이들은 입을 다물었지만 놀라움은 가시지 않았다. 정말로 제경이었다. 그리고 루나였다. 정말로.

"도, 도대체 어떻게 된 거지?"

"말 그대로 진짜 '게임'이었다 이건데……."

지호조차도 이해할 수 없는지 고개를 흔들었다. 사실 이미 그들도 추측은 하고 있었다. 컴퓨터를 보는 순간, 그리고 게임 회사 직원들을 만났을 때. 하지만 정말 눈앞에 보이자 단순히 추측하던 것과는 기분이 영 딴판이었다. 게다가 루나라니……. 정말 어질어질했다.

"캐릭터들이 너무 리얼하게 잘 만들어졌네요."

"화면도 최고군요!"

"반 가상현실이라니, 정말 신개념 게임답습니다!"

게다가… 사람들 말처럼 정말 리얼한 게임이었다, 마치 손에 잡힐 것처럼. 게임은 반 가상현실이었다. 정말 '내'가 게임에 참여하는 것처럼 촉각이나 시각, 청각이 생생했기 때문이다. 하지만 유리와 지호는 여전히 이해할 수 없었다.

"우린 맛도 느끼고, 냄새도 느꼈는데……."

"그리고 무엇보다 우린 저 속에 직접 뛰어들었지."

"도대체 뭐지?"

유리가 잔뜩 의심스런 눈동자로 게임 속 인제경이란 캐릭터와 루나를 멀뚱히 바라보고 있을 때 팔짱을 끼고 있던 지호가 피식 웃었다. 대략 수수께끼의 답은 찾았다는 표정이었다.

"하지만 제경 형씨, 답을 찾는 것과 이해하는 건 차원이 다른 문제라고. 도저히 이해는 못하겠단 말이지."

지호는 스크린 속 제경을 뚫어지게 바라보며 혼잣말로 중얼거렸다.

"가까이 오긴 왔는데, 만져지는 건 고작 스크린이잖아. 제경 오빠도 엄청 작고. 루나도 정말 작고."

유리가 스크린을 만지며 투덜거렸다. 발표회장에 마련된 다과를 즐기느라 바쁜 어른들 몰래 스크린 바로 앞까지 다가오는 데까지는 성공했지만 달라지는 것은 없었다. 그 순간이었다.

"웃, 웃었어."

"뭐?"

"방금 말이야. 방금 제경 오빠가 웃었다고!"

유리가 소스라치게 놀라 뒷걸음질 치며 외쳤다. 그런 유리의 어깨에 자연스럽게 한쪽 팔을 두른 지호는 놀랄 필요 없다는 듯 제경을 바라보며 똑같은 표정으로 웃어주었다. 유리는 갑작스런 지호의 행동에 얼굴이 새빨갛게 달아올랐지만, 지호는 알지 못했다.

"잊지 마, 너흰 이제 경제인이야. 알았지?"

"뭐, 잊진 않겠지만, 우릴 경제인으로 만들어주고 싶어서 부른 겁니까?"

지호가 살짝 삐딱하지만 애정이 담긴 목소리로 물었다. 그 말에 화면 속 제경은 대답 없이 다시 씽긋 웃기만 했다. 화면 속 루나도 기분이 좋은지 폴짝 뛰어 제경의 어깨 위로 올라탔다. 유리는 어안이 벙벙해서 지호와 화면 속 제경을 번갈아 바라보았지만, 둘 다 입을 굳게 다물고 미소를 지을 뿐이었다. 그리고 잠시 뒤……

"다, 다시 무표정이야."

"이제 완벽하게 '게임'이 된 거지."

"야, 정지호! 너만 이해하면 다야?"

"일단 나가자. 먼저 나가 있어. 뒤따라갈 테니까."

마치 중요한 일이 남았다는 듯 지호는 유리를 먼저 내보냈다. 내키지 않는 발걸음이었지만 유리는 지호의 단호한 표정에 고개를 끄덕이며 발표회장 밖으로 걸어 나갔다. 유리의 뒷모습을 지켜보던 지호가 제경을 쳐다보았다. 제경이 다시 씽긋 웃었다. 지호도 피식 웃었다.

"도대체 뭐야, 정지호?"

"뭐가?"

"이 모든 게."

"뭐, 낸들 알아? 첫날 말대로 저거, 그러니까 인제경 요정이나 악마쯤 되나 보지. 그러니까 그냥 그런가 보다 해. 어차피 우린 나름 재미있게 즐겼으니까. 안 그래?"

"아, 아니, 그, 그게……."

도대체 그게 말이나 될 법한 설명이란 말인가. 아무리 그래도 그렇지, 요정이나 악마라니……. 유리는 입술을 삐죽였지만, 지호는 다른 식으로는 설명할 생각이 없다는 듯 그저 웃기만 했다.

"적어도 우리 둘한텐 즐거운 추억이었지, 뭐. 그러니까 봐주 겠어."

유리가 포기한 듯 말했다.

"아냐, 둘."

"응?"

"둘 아니라고. 저기 저 인제경하고, 그리고 저 녀석 강아지 루나. 고로 넷."

지호가 유리의 말을 고쳐주었다. 뭐가 그리 좋은지 지호의 입 가엔 웃음이 잔뜩 걸려 있었다. 어색하긴 하지만 참 잘 어울리는 웃음이.

"그러네."

"아, 그러고 보니까 제경 오빠 이름이……."

"응, 인제경. 거꾸로 뒤집으면 돼. 작명 센스 완전 최악이라니까. 그게 뭐냐, 유치하게. 뭐 아무튼 우리보고 '경제인' 되랍시고 신이 마법이라도 부렸나 보지. 안 그래?"

지호는 쾌활하게 웃었다. 그 모습에 유리 역시 고개를 끄덕이며 덩달아 웃었다. 그 순간 지호가 유리의 손을 잡았다. 유리가 당황해서 눈을 동그랗게 뜨자, 지호는 말없이 윙크만 보냈다.

"자, 그럼 달려볼까?"

그 말을 끝으로 지호는 빠르게 달리기 시작했다. 엉겁결에 손이 잡힌 유리도 지호를 따라 달렸다.

"뭐, 우리 경제인이 되기 위해 앞으로도 같이 노력해보자. 함께 말이야!"

"응?"

"너 좋아해볼까 한다고, 나도!"

이코노게임을 마친 그들은 어느덧 경제에 대해 관심이 많고 아는 것도 많은 소년, 소녀가 되어 있었다. 인생에 다시 오지 않을 아주 특별한 경험이었다. 아니, 어쩌면 스스로 열심히 경제인이 되기 위해 노력해 나간다면 언젠가는 다시 찾아올지도 모를 아주 특별한 경험, 그리고 덧붙여서 서로의 우정과 사랑을 확인할 수 있었던 아주 특별한 경험.

"너희가 경제인이 되기에 필요한 게 있다면 다음에도 꼭 도울게."

"그러시든지요. 그런데 가능하겠어요? 고작해야 컴퓨터 오류인 버그 주제에. 다 수정했다던데?"

"네 눈엔 수정된 걸로 보여, 이게?"

"뭐, 그건 아니지만요."

"그럼 가능하지 않겠어?"

"그럼 기대하죠."

"어째 말투가 더 건방져졌냐, 너?"

"싫으면 거기서 뛰쳐나오세요. 그럼 좀 달라질 테니까."

"하여간 넌 정말……."

"그럼 기대하고 있겠습니다."

"아, 맞다!"

"뭐요?"

"유리 잘 부탁한다. 너 믿고 포기한 거야, 알아?"

"알아서 할 테니 걱정 마요. 그럼 진짜 갑니다!"

루나가 다시 제경의 어깨에서 뛰어내려 그 주위를 빙글빙글 도는 모습을 가만히 바라보던 지호는 가볍게 제경에게 손을 흔들어

보이고는 여유 있는 발걸음으로 발표회장을 빠져나왔다.

언젠가 다시 찾아올지도 모를 아주 특별한 경험을 기약하며, 스스로 '경제인'이 되겠노라 다짐하며…….

"고마워요."

자신들을 경제인으로 만들어준 제경에게 보내는 지호의, 유리의 마지막 한마디였다.

마침

끝나지않은 이야기

"하, 언제 왔어? 왔으면 부르라니까."

"방, 방금 왔어."

땀으로 범벅된 얼굴을 닦으며 씩 웃어 보이는 지호의 모습에 유리는 자신도 모르게 가슴이 콩닥거리는 걸 느끼고는 빨개진 얼굴을 애써 돌리며 '방금'이라고 둘러댔다. 하지만 지호는 이미 알고 있었다. 유리가 온 지 30분쯤은 됐다는 걸. 물론 자신이 알고 있다고 이야기할 사람은 아니었다, 정지호는.

"언제 봐도 멋있다, 너 춤추는 거."

"그렇게 말해주면 고맙고."

유리는 지호의 춤 연습실에 와 있었다. 아주 조그마한 공간이었지만, 유일하게 지호만의 공간이라는 점에서 유리가 그 어디보다 좋아하는 장소였다. 물론 지호에게 그런 말은 하지 못했지만.

이코노게임을 마친 뒤, 지호는 아버지께 정식으로 경제와 경영 쪽을 공부하겠다고 말씀드리고 그의 취미인 춤을 허락받았다. 이코노게임에 참가한 애초의 목표가 달성된 셈이었다. 그 결과물이 지호만의 공간인 바로 이곳이다.

아니, 정확히 말하면… 지호와 유리, 두 사람의 공간이었다. 그들은 이코노게임이 끝난 뒤에도 경제인이 되기 위해 서로 자주 만났다.

"… 오늘은 네 춤 더 보고 싶은데, 안 될까?"

유리의 한마디에 지호가 피식 웃고는 천천히 거울 앞으로 다가 갔다. 그리고 가볍게 스텝을 밟더니 이내 팔로 바닥을 짚고 다리로 왼쪽 위에서 오른쪽 아래로 내려오는 대각선을 만들어 보였다.

"어라, 그거… 수요 곡선!"

"우리가 모인 건 경제인이 되기 위해서니까, 내 춤에서도 경제학적 사고를 해라, 뭐 이런 뜻이었어. 세상에 공짜는 없으니까, 그게 내 춤 보는 관람료야. 알았지?"

얼떨떨한 표정으로 고개를 끄덕이는 유리의 모습에 지호가 다시 피식 웃었다. 그러고는 다시 가볍게 뛰어올라 이번엔 두 다리를 꼬아 X자로 만들었다.

"수요와 공급 곡선이 만났네?"

어쩌면 지호의 취미 생활이 춤과 게임, 그리고 경제에 대한 생각으로 늘어난 것인지도 모를 일이었다. 예전에는 아버지를 위해 억지로 했다면, 지금은 정말 스스로 즐거워 경제 공부를 하고 있기 때문이다.

"춤 되게 잘 춘다! 볼 때마다 느끼는 거지만 텔레비전에 나오는 연예인들 같아."

"별말씀을."

지호가 가볍게 머리를 쓸어 넘기며 대답했다. 자연스럽게 유리 옆자리에 앉은 지호는 멍하니 자신을 바라보는 유리의 오른손을 자신의 왼손으로 가볍게 잡았다. 유리의 눈이 동그랗게 변했다.

"아직도 좋아하냐?"

지호가 나지막한 목소리로 유리에게 속삭였다. 유리가 놀란 듯 눈을 동그랗게 뜨자, 지호가 피식 웃으며 다시 중얼거렸다.

"그럼 좀만 더 기다려."

"… 응?"

"널 포기해서 생기는 기회비용이 더 커질 것도 같거든."

"그게 무슨……!"

유리가 이해할 수 없다는 듯 되물었지만, 지호는 더 이상 대답하지 않았다. 그저 씩 웃으며 일어나 아무 일도 없었다는 듯 '나가자'라고 외칠 뿐. 유리의 심장 박동은 더 빨라져 있었다. 그리고

유리는 몰랐지만, 그 순간 지호의 심장 박동 역시 평소보다 훨씬
빨랐다.

 "어디 가는 거야?"
 "뭐 시원한 거라도 마시면서 이야기하자. 경제 신문에서 봐둔
것도 있고, 어쨌거나 하고 싶은 이야기가……."
 "어?"
 갑자기 지호의 말문이 막히고 유리가 당황한 이유는 지하에서
걸어 나왔을 때, 그들 앞에 보인 광경 때문이었다. 아니, 광경이
라고 하기도 뭐한 그것은…….
 "루, 루나?"
 루나였다. 유리의 하얀 강아지였던, 그러나 이제 제경에게 가
버린, 제경을 그리워할 때마다 자연스럽게 떠오르던, 그들의 모
험의 시작이었고, 모험의 끝이었던 그 루나!
 "어, 어떻게 여길……."
 유리가 반가워하면서도 너무 놀라 말을 잇지 못했다. 웬만한
일에는 쉽게 동요하지 않는 지호마저도 당황한 듯 눈동자가 떨리
고 있었다. 그 순간 지호의 눈에 루나의 입에 물려 있는 무언가가
들어왔다. 지호가 살짝 몸을 숙여 손을 뻗자, 루나가 가볍게 지호
의 손 위에 '그것'을 올려주었다.

"CD?"

"'Econo-Game One More Time'이라고 쓰여 있는 거야?"

"응, 그런 것 같아."

"그럼 이거……."

루나가 건네준 것은 CD였다. 앞뒷면 모두 은색이었고, 유일하게 앞면임을 알려주는 자그마한 글씨는 이상하게 낯익은 필체였다. 잠시 뒤, 그 필체가 제경의 것이라는 데까지 두 아이의 생각이 닿았을 때 갑자기 루나가 왈왈 짖어댔다.

"루나, 왜 그래, 응?"

유리가 루나를 안으려고 몸을 숙였지만 루나는 유리에게 뛰어오르지 않고 계속 짖어대기만 했다. 꼬리를 살랑살랑 흔드는 것을 보면 기분이 좋아 짖는 듯한데, 도통 이유를 알 수 없어 유리는 고개만 갸우뚱했다.

"이거 틀어보라는 소리 맞지?"

"왠지 그런 거 같은데?"

호기심에 잔뜩 휩싸인 두 사람은 CD를 들고 다시 지호의 춤 연습실로 향했다. 루나는 아이들의 뒤를 졸졸 따랐다.

가만히 CD를 노트북에 넣은 아이들은 자동으로 플레이될 때까지 조심스럽게 기다렸다. 무언가가 나올 것임을 그들은 알고 있었다. 그리고 그 '무엇'이 무엇인지도 이미 알고 있었다. 다만 아무도 말로 꺼내놓지 않을 뿐이었다. 마치 말하면 그것이 깨져 버릴 것 같은 기분 때문이었다. 그리고 잠시 뒤……

"안녕, 친구들."

"제, 제경 오빠?"

"반가워, 예쁜 아가씨."

"정, 정말 온 거예요? 진짜로?"

"응. 정지호 저 녀석이 하도 건방지게 굴어서 진짜 왔는데."

"생각보다 빠른데요."

"넌 여전히 건방지구나."

노트북이 환한 빛으로 뒤덮인 뒤, 그들 앞에 보이는 것은 여전히 청바지에 면 티를 입은, 그러나 변함없이 참 잘생긴, 그들이 기다리던 바로 그 인제경이었다. 루나 역시 기다렸다는 듯 폴짝 뛰어 제경의 어깨 위로 올라갔다.

"난 너희들이 경제인이 되기 위해 노력하는 모습에 반했어. 그래서 더욱 서둘러서 왔지. 내가 도와줘야 할 것 같아서 말이야. 너희 둘이 하는 것보다는 낫지 않겠어?"

"당연하죠!"

"그럼 우리의 모험을 다시 한 번 시작해볼까?"

제경이 두 팔을 활짝 펼치자 유리는 제경의 품으로 달려들었다. 가만히 서 있던 지호마저 어쩔 수 없다는 듯 어깨를 으쓱해 보이며 그쪽으로 가볍게 점프했다.

"너희들을 더욱 멋진 경제인으로 만들어줄 이코노게임은 영원히 끝나지 않아. 자, 그럼 다시 시작해보자!"

지루한 일상 속에 던져진 모험은 그들을 경제인으로 만들어준, 그리고 더욱 발전시켜줄 아주 값진 선물이었다. 그리고 그 선물은 지금처럼 영원히 계속해서 열릴 것이다. 누구든 경제인이 되길 원하는 사람들을 위해서…….

〈끝〉

새우와 고래가 함께 숨쉬는 바다

10대 청소년이 쓴 10대를 위한 경제동화

Econo-Game

지은이 | 주효선
펴낸이 | 전형배
기 획 | 서정 Contents Agency
펴낸곳 | 도서출판 창해
출판등록 | 제9−281호(1993년 11월 17일)

초판 1쇄 인쇄 | 2008년 3월 10일
초판 1쇄 발행 | 2008년 3월 15일

주소 | 121−846 서울시 마포구 성산1동 226−4 창해빌딩 2층
전화 | (02) 333−5678(代), (02) 3142−0057
팩시밀리 | (02) 322−3333
홈페이지 | www.changhae.net
E-mail | chpco@chol.com
 * chpco는 Changhae Publishing Co.를 뜻합니다.

ISBN 978-89-7919-911-6 43320

값·9,500원

ⓒ 주효선, 2009, Printed in Korea

※ 잘못된 책은 구입하신 곳에서 바꾸어드립니다.

이 도서의 국립중앙도서관 출판시도서목록(CIP)은 e-CIP 홈페이지
(http://www.nl.go.kr/cip.php)에서 이용하실 수 있습니다.
(CIP제어번호 : CIP2009000759)